精神障害者の
働きたいをかなえる

福祉・企業・行政によるコラボレーション

生活協同組合コープとうきょう
社会福祉法人JHC板橋会
編

シリーズ
コラボレーション

エンパワメント研究所

はじめに

生活協同組合コープとうきょう　理事長　**上原　正博**

今回、私ども「生活協同組合コープとうきょう（以下、コープとうきょう）」が、東京都の「施設外授産事業」を通じて、「社会福祉法人ＪＨＣ板橋会」と行政および東京障害者職業センターと連携した就労支援活動を担えたことは、私どもの事業活動にとっても大きな財産となりました。さらに、本書を通じて私どもの経験が、支援活動を一層普及するために少しでもお役に立てば、望外の喜びです。

生活協同組合は文字どおり「助け合い」の精神が原点です。自主的に協同し事業を通じて自らの暮らしをよくすることを目的としており、障害者を含めすべての方に開かれた組織です。ですから、このような支援活動に取り組むことは「必然」でもあり、今回、コープとうきょう板橋センターというフィールドを見つけたことで、就労支援の一つの事例をつくりあげることができました。

板橋センターでの職場体験実習については、その受け入れについての提案はもちろん、その後の進捗状況についても、節目ごとに担当した渡邉専務補佐から常勤役員会議に報告されてきました。これも、この活動が一センターでの試みということではなく、コープとうきょう全体の取り組みと位置づけていたからです。解決すべき問題もさまざまありましたが、組織全体として取り組むためにはどうあるべきか、という視点で役員会でも論議を行いました。

報告の中では板橋センター職員の苦労話もありました。とりわけ管理責任者であるセンター長の心労は少なくはなかったようです。ですが、その苦労を補って余りある人間らしいふれあいがあり、生協人としてこのような活動に参加できる誇りも強く感じたと聞いています。生協らしい活動として職員が受けとめていることに、私どもも意を強くしたものです。

私どもは、北関東・信越の7県の生協とともに「コープネット事業連合」を結成して事業展開をしていますが、グループ全体の理念として「CO・OP　ともに　はぐくむ　くらしと未来」を掲げています。ここでいう「くらしと未来」とは、障害者を自然体で受け入れられる社会であり、すべての人々が安心できる社会だと考えています。また、事業と活動を通じて「食とくらしのパートナーとして最も信頼される存在」になることを目標にしていますが、「信頼される存在」となるためには、この支援活動のように、日々の業務を通じて一歩一歩実績を積みあげていくことを何よりも重視していきます。その姿勢を原点として、今後とも一層支援活動にかかわる決意を表明し、冒頭のご挨拶といたします。

もくじ

はじめに――生活協同組合コープとうきょう　理事長　上原　正博●3
施設外職場体験実習とは●10

第1部　より豊かな人生を送りたい●23

第1章　働く喜び――JHC板橋会　副理事長　八木原　律子
1．当たり前の生活●24／2．障害者の働く夢の実現に向けて●26

第2章　やさしいまちづくり～JHC板橋会の地域展開～――JHC板橋会　副理事長　八木原　律子
1．おわりのない始まり●30／2．相互支援の台頭●38／3．新しい活動の萌芽●44

第2部　福祉、企業、行政のコラボレーションのスタート●53

第1章　「企業で働きたい」願いを実現する力を育む～就労移行支援事業　プロデュース道～
――JHC板橋会　社会就労センタープロデュース道　佐藤　優子
1．地域社会のふつうの一員として●54／2．「一般企業で働きたい」という願いの実現

第3部　コープとうきょうでの職場体験実習の実践

第2章　企業による精神障害者の就労支援のパイオニア
1．株式会社いなげやと精神障害者雇用　171―株式会社いなげや　人事本部リーダー　石川　誠
インタビュー　職業人としての誇りをもって働く
東京青山・青木狛法律事務所・ベーカー&マッケンジー外国法事務弁護士事務所　近藤　浩弁護士に聞く　180

第3章　あたたかいまちづくり～共生社会の実現を目指して～
――JHC板橋会　社会就労センタープロデュース道　世良　洋子
1．JHC板橋25年の歩み～はじめの一歩～　184／2．「あたたかいまちづくり」の試み～精神障害をもつ人を身近に～　185／3．「あたたかいまちづくり」～まちの人々とともに～　187／4．包括的地域支援ネットワークの構築を目指して　189

あとがき　社会福祉法人　JHC板橋会　理事長　田村　文栄　193

資料編

本書では、福祉サービスを利用する人のことを利用者、JHC板橋会の職員をスタッフ、コープとうきょう職員のことを社員という言葉で表しています。さらに、精神保健福祉分野では、人と人がお互いを尊重し合う対等な関係であることを重視して、障害者のことをメンバーと表現しています。したがって、本書では内容に応じて、利用者、メンバーなどさまざまな呼称を使い分けています。

施設外職場体験実習とは

「社会就労センタープロデュース道」は、一般就労を希望する、精神に障害のある人のための就労準備訓練のプログラムを提供行っている施設です。その一環として企業での実習をしています。その一つで「コープとうきょう」と業務委託契約を結び、継続的に実習にあたっているプログラムが本書で紹介する「施設外職場体験実習」です。

平成18年4月から東京都の「施設外授産の活用による就職促進事業（通称、施設外授産事業）」として助成金を受け、コープとうきょうとJHC板橋会が業務委託契約を結び、一般就労を目指す準備訓練プログラムとしての実施を開始しました。東京都の助成金は、平成19年10月から障害者自立支援法の就労移行支援事業に移行したのをきっかけに終了しました。現在は、コープとうきょうとJHC板橋会の二者独自の就労支援プログラムとして継続実施しています。

〈どんな仕事をしているの？〉

仕事の内容は、生活協同組合の組合員から注文された商品をドライバーがトラックで個別に宅配をする前に行われる仕分け作業です。大きな倉庫の中で、水物やビール、おむつ、トイレットペーパーなどいろいろな日用品を選び、トラックごとにカゴ車に仕分けていきます。1日に取り扱う商品は約2000点です。作業票を見ながらこれらを仕分けしていくのがおもな作業です。現在は、メンバー4人とプロデュース道の指導員1人が1つのチームとなり、業務にあたっています。

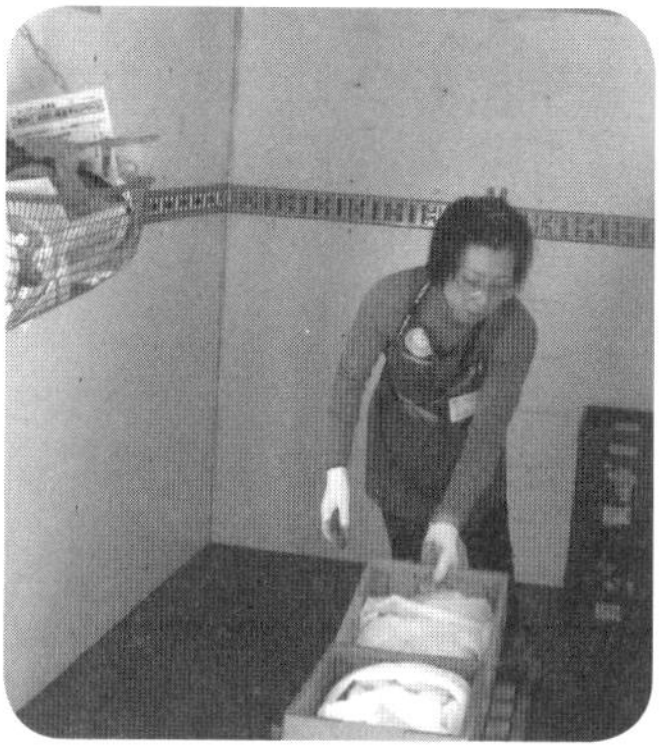

〈スケジュールは?〉

14ページに一日のスケジュール表があります。9時に出勤し、朝のミーティングのあと、作業を開始します。実際に作業にあたるのは4〜5時間です。1時半頃に作業が終了することを目標にしていますが、その日の作業量によって変動があります。およそ2時頃に解散です。このようなスケジュールで月曜日から木曜日まで働いています。

平成18年6月から実習をスタートして、現在までの3年2カ月間の利用者は20人です(現在5人が継続)。「施設外職場体験実習」を終えると、ハローワークの求職者登録と障害者就業・生活支援センターワーキング・トライに登録します。それらの関係機関の支援も受けながら、現場実習することで就職にスムーズにつながります。現在、終了者15人のうち、就職に結びついたのは9人です。そのうち、6人がコープとうきょうで働いています。

〈精神障害者の雇用と施設外職場体験実習の特徴〉

元東京都産業労働局　**佐藤慎也**

「精神障害者の雇用の現状」について、簡単に説明します。障害者就業実態調査によると、2万1000人の精神障害のある人が雇用関係で働いています（H18・7現在）。しかし、ハローワークが企業に対して毎年行っている調査（障害者雇用状況報告）では、精神障害のある人はたった2000人しか雇用されていないことになっています（H18・6現在※）。この差はどんな意味をもつのでしょうか。まず、2000人という数字は、従業員56人以上の規模の企業を対象に調査されたものです。もう一つの障害者就業実態調査は本人に調査をしているので、会社の規模は関係ありません。そこに差が生じた原因があると思います。もう一つ、障害をオープンにして勤めているかクローズにしているかということがあります。2000人は、企業側が精神障害者保健福祉手帳の所持を確認している人の数字です。それに引きかえ実態調査には、手帳の所持をクローズにしている人も多く含まれているのではないかと思います。

中小零細企業の社長さんの心意気で、精神障害者を受け入れている企業はたくさんあると思いますが、みんながそれを行うのは難しいところがあります。行政としては、大きな企業が「これだったらやっていけるな」と思えるような事例をつくりたいという思いで、施設外授産事業に取り組みました。

施設外授産は、1つの業務を請け負うため、企業と施設が対等な関係で進められます。また長期にわたるので、施設側、利用者側、企業の側、それぞれが情報交換や意見交換をしながらよりよい支援がつくられていきます。そうすると、企業に雇用のノウハウや経験が蓄積されていきます。施設側の指導員がつくのが特徴ですが、この指導員は、企業の目線で物事を考えられる力が必要です。指導員が利用者だけを見ていては、施設外授産は成功させるのは難しいでしょう。企業の経営まで考えられるような指導員が求められます。

※H21・6現在7千700人

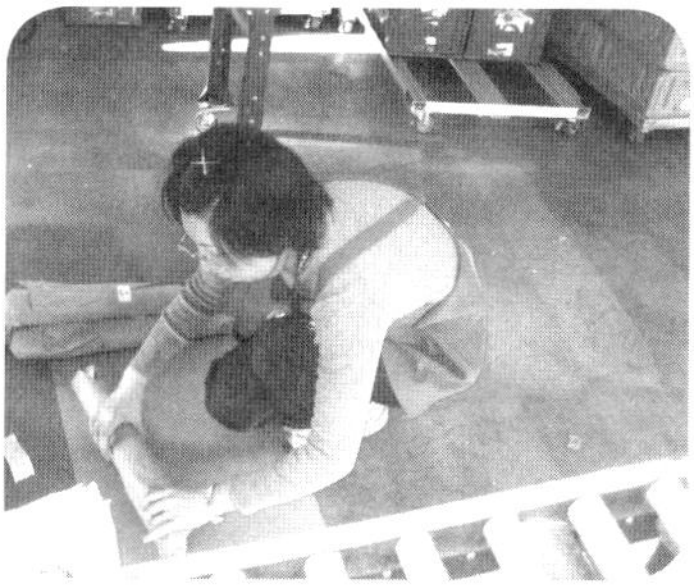

〈企業へのメリット〉

コープとうきょう専務補佐　**渡邉秀昭**

　この3年間の取り組みをして感じるのは、企業の中で行うから効果があるということです。コープとうきょうの板橋センターには、いろいろな人が働いています。正規職員もパート職員もいれば、アルバイト職員もいます。さまざまな人たちと一緒に仕事をすることが有意義なのではないかと思います。たとえば、仕分けでミスをすると大変なことになります。水が1ケース足りなかったり、トイレットペーパーが足りなかったりすれば配達できなくなります。非常に緊張を強いられる。ミスが許されない。実務というのはそういうものだということを、仕事の中でわかっていくことができます。

　また、障害者雇用を進めることによって、職場風土が少し変化をするという手ごたえを感じています。本書の第2部第2章に詳しく書きましたが、人を見る目が変わってきます。そういうご利益《りやく》が実際にあります。この精神障害のある人との取り組みを通じて、今後の企業内のメンタル対策に有効な手だてを見つけられるのではないか、そんなことにも役立てられないかという気持ちもあります。

　JHC板橋会とのご縁でこういうすばらしい取り組みができたので、そのことをぜひほかの事業所へも広められないかと思っています。

コープとうきょう前板橋センター長　**橋本隆志**

施設外授産事業が始まって約8カ月経ったところで、前任者から引き継ぎをしました。私どもの職場は配送センターです。朝、どっと入ってきた荷物を翌日配達するため、その日のうちにトラック50台分のカゴ車に一台一台、仕分けをするという作業を、施設外授産としてJHC板橋会へ委託しています。

当初は「プロデュース道」の指導員がついているとはいっても、お互いに不安がありました。そこで始まったのが週1回のセンター長ミーティングです。メンバーたちが疑問に思っていることとやりにくいと思っていることなどをメモに書き出して、意思の疎通を図って作業改善などに役立てました。だんだん作業にも慣れてくると、ミーティングでは、「コープとうきょうの理念」、お客様に届くまでの商品の流れや仕入れ先などの説明をしていくようになりました。これは、一般のパート職員にするのと同じ教育です。企業品質をあげていかなければいけませんので、メンバーたちにもパート職員と同じように接します。現在板橋センターでは、5人が一般のパート職員として活躍しています。気をつけていることは、一般の職員に対するのと同じです。特別扱いはしません。間違っていることはちゃんと指導します。そうすることによって、おそらく本人たちも特別扱いされていないと感じているのではないかと思います。

私は、2年半板橋にいたのですが、一番変わったなと思うのは私自身かもしれません。以前は仕事が忙しくていらいらして怒鳴るような場面もあったのですが、障害者の方たちと接しているうちに気持ちが穏やかになり、自分自身が成長したように思います。

〈働く本人から〉

上原勝　施設外体験実習をしていく間に、一般就労するために必要なことを学び、いろいろなことを身につけてきました。それは「自己管理をする」「意欲的に仕事をする」「ほかの人と協調して仕事をする」「段取りなどを考えて仕事をする」です。今の仕事場は倉庫作業でいろいろな物があります。安全に気をつけながら仕事をすることも大事なことです。

コープとうきょうで働き始めて、自分の体調や今の状態を職場のほかの人たちに以前はあまり伝えることがなかったのですが、いろいろなことがあってからはみんなに状態を話して、コミュニケーションをとってうまくやっていくようになりました。今まで考えていたことなど、いろいろな話をしてみると、みんなに理解してもらえたことがとてもうれしかったです。そのおかげで現在では1週間フルに働けるのだなと思っています。

今後は、機会があれば、以前の会社でしていた品質管理や品質保証の仕事を今の職場の中でやってみたいという希望はあります。これからも少しずつ成長できたらいいなと思っています。

佐藤允康　現在、コープとうきょう豊玉センターで輸送部担当をしています。豊玉センターで働くようになって2年ちょっと経ちます。安定して働くには体調管理が不可欠ということがよくわかりました。精神的な面でも、もちろん気分の波がありますので、いつ沈んだり、またよくなったりするかわからないのですが、その傾向を自分でうまくつかんで、主治医に話して対処していったりしています。

今までは突っ走って仕事をするような感じで、早く仕事を終わらせようとしてきたのですが、翌日に疲れを残さないためには、マイペースで安定して仕事をする。そうすると、次の日に疲れがたまらないので、1週間通して働けます。それを繰り返していくことで、次の週も元気に仕事に出られます。とにかく気持ちと身体の安定に心がけて、仕事に影響させないようにしています。私は今一番それを重視しながら毎日取り組んでいます。

〈「精神障害をもつ方の一般就労に向けての取り組み～JHC板橋会と企業・支援機関のコラボレーション～」（2009年8月25日）からの発言より〉

支援プログラム

利用期間（原則 24カ月）

施設外支援

企業現場実習

●コープとうきょうでの職場体験実習

＊コープ就労ミーティング参加

●過渡的雇用
●企業・行政での現場実習

求職活動支援

ハローワーク

企業面接

障害者職業センター

トライアル雇用

委託訓練

期限つきで実際に企業で働いてみて，お互いに合意に至れば正式採用

ジョブコーチ支援
JC

職場に同行し導入支援

職場開拓・相談・面接・同行支援

障害者就業・生活支援センター「ワーキング・トライ」に登録

職場開拓・相談・職場との調整・グループミーティングでの定着支援など

プログラム終了　進路はさまざま

就職
ピアサポートにやりがい
ボランティアを生きがいにしよう
就職だけでなく、ゆっくり自分のペースを守った生活を選んでいく人もいます

社会福祉法人 JHC板橋会

プロデュース道《みち》の 就 労 移 行

利用相談面接

生活リズム・服薬管理・病院・家族・保健所・職歴・なぜ働きたいのかなど，いろんな角度からまずは面接．

個別支援計画

一人ひとりの職業リハビリテーションプランを一緒に立てます．

＊希望や目標は？

＊どんな支援が必要か？

施設内支援

職業生活習慣の確立

レストラン風見鶏の運営に携わり，地域に開かれた仕事に従事．

SST

ビジネスマナー学習

あいさつ　質問のし方

人間関係　職場ルール etc.

仲間の経験・知恵に学んで，働く生活の基本的な技術を身につけます．

職業準備性
教育支援プログラム

・先輩の体験談
・企業見学
・就労支援の社会資源

1日のスケジュール（しごとの日／月～木よう）

- 9:00　板橋センターへ出勤　各自、自宅から
- 体操・作業準備　朝のミーティング
  1. 気分調べ
  2. 連絡事項
  3. 目標設定
- 9:30　作業開始
- ・水物仕分け・検品　・カゴ車並べ・総数確認
- 休憩5分（水分補給）
- ・オムツ仕分け・検品　・カタログ・季節商品
- 休憩10分（ちょっと腹ごしらえ）
- ・紙物仕分け　・検品
- 13:30　帰りのミーティング
  1. 気分調べ
  2. 報告
  3. 振り返り
- 14:00　帰宅　解散

（倉庫業務
日用品仕分け）

1週間のスケジュール

	月	火	水	木
9:00	体操・ミーティング	体操・ミーティング	体操・ミーティング	体操・ミーティング
9:30	職場体験実習（仕分け作業）	職場体験実習（仕分け作業）	職場体験実習（仕分け作業）	職場体験実習（仕分け作業）
	ミーティング	ミーティング	ミーティング	ミーティング
14:00				

金

	金
10:00	（月1回）センター長ミーティング（板橋センターにて）
11:00	移動
13:00	（毎週）コープ就労ミーティング（プロデュース道にて）
15:00	

企業で働き続ける力

- チームの一員としての自覚
- 人との協調性
- コミュニケーション

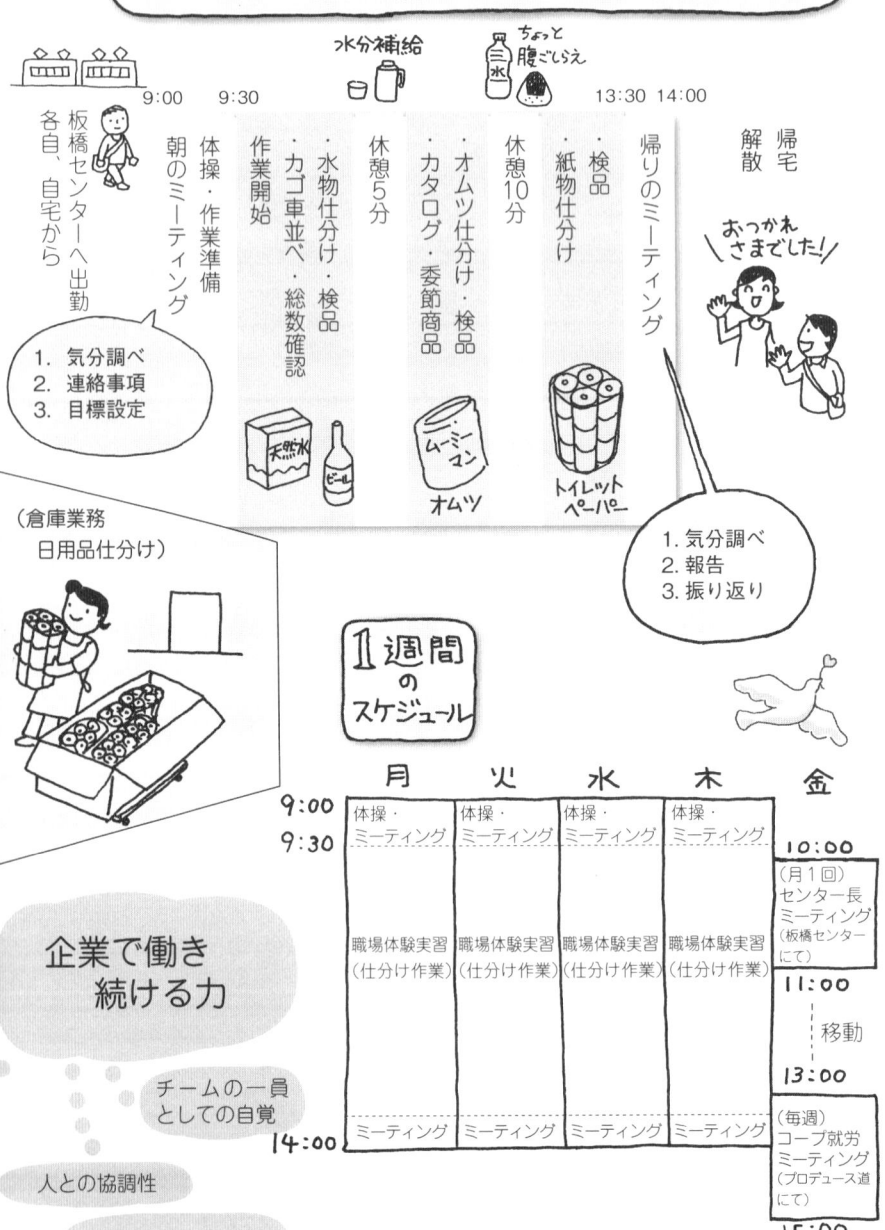

コープとうきょうでの職場体験実習のあらまし

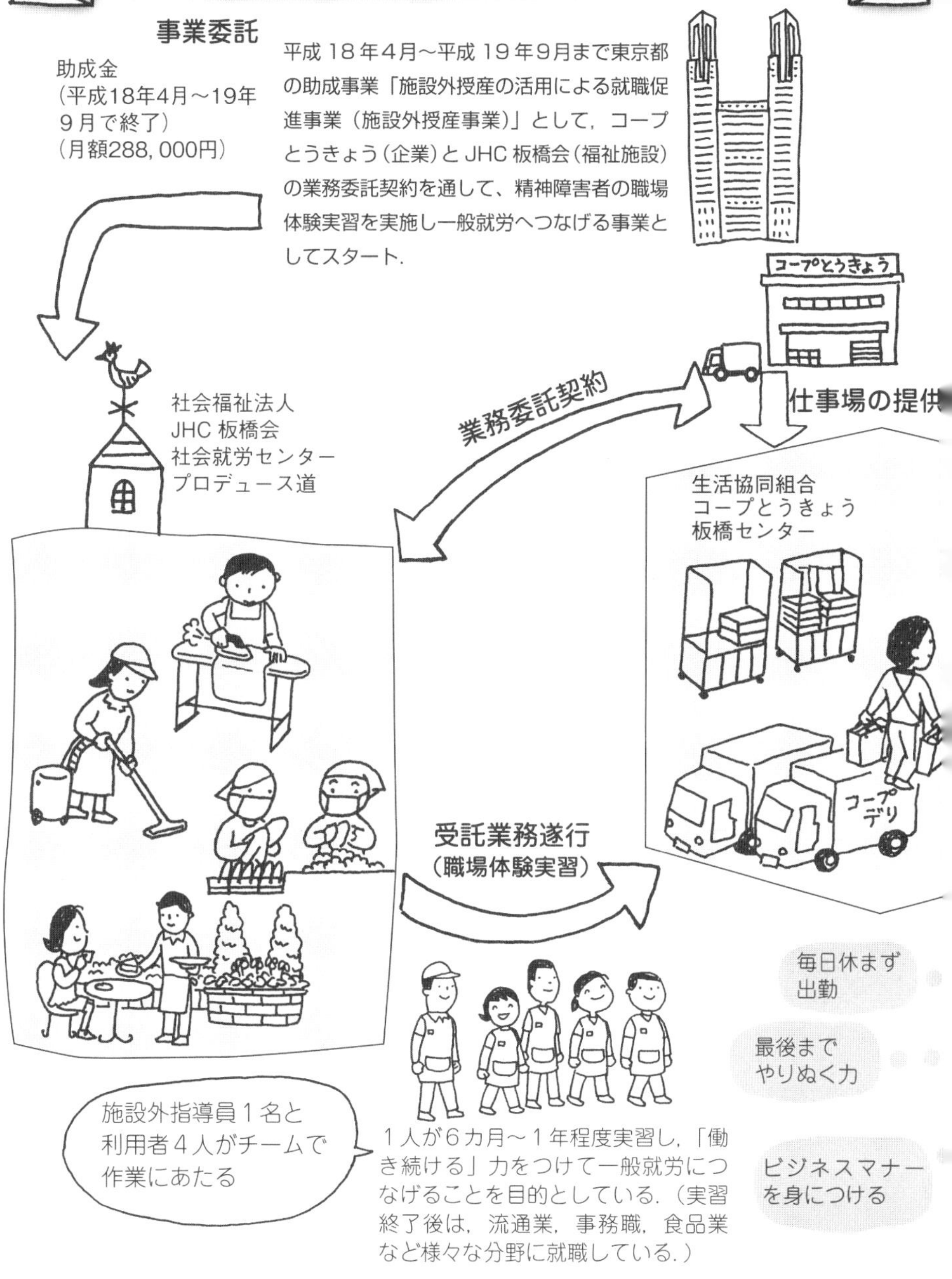

事業委託
助成金
（平成18年4月～19年
9月で終了）
（月額288,000円）
平成 18 年4月～平成 19 年9月まで東京都の助成事業「施設外授産の活用による就職促進事業（施設外授産事業）」として，コープとうきょう（企業）と JHC 板橋会（福祉施設）の業務委託契約を通して、精神障害者の職場体験実習を実施し一般就労へつなげる事業としてスタート.
コープとうきょう
業務委託契約
仕事場の提供
社会福祉法人
JHC 板橋会
社会就労センター
プロデュース道
生活協同組合
コープとうきょう
板橋センター
コープデリ
受託業務遂行
（職場体験実習）
毎日休まず
出勤
最後まで
やりぬく力
ビジネスマナー
を身につける
施設外指導員１名と
利用者４人がチームで
作業にあたる
１人が6カ月～１年程度実習し,「働き続ける」力をつけて一般就労につなげることを目的としている.（実習終了後は，流通業，事務職，食品業など様々な分野に就職している.）

第1部

より豊かな人生を送りたい

第１章　働く喜び

JHC板橋会　副理事長　八木原　律子

１．当たり前の生活

「『仕事どうだった？　疲れただろ？』『どんな仕事だったの？』と、最初は心配してたずねてきた母親も最近は何も聞かなくなりました」

「最近、家族内でゴタゴタがあって、気持ちが滅入っていたんです。問題が大きくなってから自分に知らされたので余計嫌だったんです。最初から話してくれさえいれば少しは余裕も出たと思うんですが…。思わず、お世話になったスタッフを思い出して電話したんです。どうこう話すわけではないけれど、聞いてくれるだけでありがたかったです。今は見通しが立ってきたので楽になってきました」

「今、自分は働くことが楽しくて、自分のやりたい仕事をさせてもらっているし、好きな仕事で身体を動かしているので気分的にもいい感じです。働くことが生活の一部になっていると思います。プロデュース道やワーキング・トライのいろんな訓練や、コープとうきょうでの実習体験で、たくさんのことを学びました。実習中の毎日の振り返りで、自分の中で人に頼りすぎないで、どうしたらよくなるかを考えることが身につきました。みんなと協力して無理せずに動けるようにもなってきたと思っています。正式にパート採用になったときはうれしかったです」

ここに紹介したのは精神に障害をもちつつ、現在は「コープとうきょう板橋センター」で仕事を続ける上原勝さんの言葉です。

上原さんの言葉に表されているのは、ごく当たり前の私たちの日常生活です。

小学生の頃、「電車の運転手」になることが夢であったという上原さん。さまざまな経験を積んでいくと、その夢が巡りめぐって到達した現実が理解できてきます。それは、まったく別の仕事であったとしても、どこかにその夢の片鱗が見え隠れしているのです。上原さんは、電車の運転手にはなれませんでしたが、電気関連の会社、そして宅配の運転手、さらには配送時代の積荷のノウハウを生かして現在のコープとうきょうの配送センターで働いています。もうすぐ3年になります。この間、順風満帆というわけではありませんでした。その危機を乗り越え、元気に仕事に復帰できている上原さんです。

先日、職場に上原さんをたずねました。ちょうど配送で出て行った車を待っている時間帯でしたが「少しくつろげる時間帯です」と言いつつ、身体は自然と空の箱やキャスター付きの荷台を定位置におさめたりと忙しく動きまわっていました。また、コープとうきょうの皆さんが協力して、声かけをしながら、ときに後輩である訓練中の「プロデュース道《みち》」のメンバーへの気配りを行き届かせつつ、作業を進めている様子に圧倒され、感動させられました。人は働くことによって能力を引き出され、期待されて働けるからこそ、自信をもって打ち込めるのだと再確認させられたところでした。

上原さんの体験談は、第３部第２章に収録されています。職場体験実習で学んだという一般就労をするためのポイントを、項目にしてまとめてくださいました。

2. 障害者の働く夢の実現に向けて

(1) 現実の狭間で

最近、「共生社会」という言葉を耳にする機会が増えてきました。私たちの生活はいろいろな領域が一つになって、うまく重なり合って成り立つことが理想です。それは職場にもあてはまります。

職場には男性も女性も若者も、バリバリに働く壮年も子育て中の若者も、外国籍の人たちも、障害をもつ人たちも働いています。若いうちはスピード感もあって、残業も苦になりませんが、加齢とともに若者と同じような労力を提供することができなくなります。そして定年退職後は、それまでの経験を生かして若者の人材育成にパートで従事する人もいます。また仕事を始める最初の段階でなんらかの障害をもっている人もいます。あるいは仕事中に事故にあって障害をもつこともあります。職場における共生社会とは、こうした人たちが肩を並べて協働していくしくみをもつことだといえます。
では、障害をもつ人たちの「働きたい」という意欲はどのように保障されているのでしょうか。
私たちは稼働年齢（15歳～65歳）に達すると、学生などの理由を除けば、働くという権利と義務を有しています。これは憲法第27条（勤労の権利・義務、勤労条件の基準、児童酷使の禁止）に定められています。しかし、働きたくても働く条件が整わないために、働けずにいる人たちもたくさんいます。

障害のある人への雇用対策は、「障害者の雇用の促進等に関する法律」にその基本方針が定められ、施策が講じられています。この法律は大きく分けて2つの部分から成り立っています。1つは、障害のある人の「働きたい」という意欲を支援するために、個々人に合った支援のしくみをつくって職場に送り出していく、いわば障害のある人が利用する事業です。もう1つは、こうした障害のある人を雇用していくために、雇用主の障害理解を深め、どのようにしていけば障害者雇用が促進できるのかを支援する、いわば企業が利用する事業です。

わが国は、障害のある人の就労支援を担うためのノウハウを理解して、障害者の働きたいという意欲を支援できるしくみづくりに、今、懸命に取り組んでいます。

また障害者雇用を進める支援者の人材育成にも力を入れています。一般就労を目指す障害をもつ人たちと企業とのパイプ役として、福祉領域から支援するジョブコーチ（職場適応援助者）の存在には大きいものがあります。もちろん企業に対してもジョブコーチの活動は必要です。たとえば、職場内部で障害者雇用を推進していくために必要な啓発や職場環境調整を行うのも、ジョブコーチの大きな役割です。ここにも共生社会の考え方が必要になります。企業と支援者はお互いが理解を深め、障害者にとって働きやすい職場環境をつくり出すことが望ましく、具体的には本書第2部で紹介される企業と福祉と行政、そこに関係する人々の協働作業がよい例だといえます。

そもそも私たちは、なぜ働くのでしょうか。

働きたいと思っている人たちが自分の能力や適性に応じて働き、働く喜びを通して生きがいを感じることができたらどんなにすばらしいことでしょうか。働く理由として、多くの人たちは「生活のため」と答えるでしょう。やがて、働くことが自分自身の生きがいとなり、働くことをとおして他の人々の生活に役立っていると感じられることで、社会貢献を果たしていると思えるようになるのではないでしょうか。私たちは仕事を通して、社会の中における孤立感をなくすことにもなるのです。生活の一部に過ぎない「働く」ということが、私たちの社会生活をこれほどまでに豊かにできるのです。

上原さんが語った言葉の中にもそれは示されています。具体的には、障

ジョブコーチ（職場適応援助者）

障害者が職場に適応できるように、職場に出向き、障害者および事業主に対してきめこまかな支援や助言を行う者のこと。地域障害者職業センターに配置されているほか、社会福祉法人等に配置される1号ジョブコーチ、企業に配置される2号ジョブコーチがいる。

害のあるなしにかかわらず働く目的は人それぞれですが、労働者という同じ立場で一緒に考え一緒に学び合える、そうした就労支援のあり方を模索し続けていきたいものです。

わが国が障害者の就労支援に力を入れている理由の一つは、高齢化社会で稼働年齢人口が減少し、働く人材が不足していることです。また、国連の「障害者の権利条約」をわが国も早く批准していきたい意向を示していますが、ともあれ障害者が安心して働くためには、まだまだいろいろな取り組むべき課題が山積みとなっています。１日のうちの1時間でも2時間でもその人がその人らしく働け、自信をもち続けられるような政策を期待したいところです。

第2章　やさしいまちづくり～ＪＨＣ板橋会の地域展開～

ＪＨＣ板橋会　副理事長　**八木原　律子**

1．おわりのない始まり

ＪＨＣ板橋会の活動はどのようにして始まったのでしょうか。

それは、保健所デイケアにグループワーカーとして参加をしていた区内の精神科病院のソーシャルワーカーたちが、全員が集まる半年ごとの振り返り会議の中で明らかになった「地域の中に、保健所のデイケアを終了した人たちが利用できる居場所があればいいね」「孤立しないで暮らせるような場を用意したい」という思いがきっかけでした。ようやく退院して地域で住み始めた人たちがデイケアで活動の輪を広げても、デイケアが終了すれば部屋にひきこもる例は少なくありませんでした。

そして、入院中の患者さんが地域で暮らせる条件として、①暮らせる部屋があって、②駅に近い所に日中活動できる場所があり、③仲間や、④相談できるスタッフがいて、そして⑤食事ができれば退院したい、という5つの願いをあげていることを、当時精神病院のソーシャルワーカーであった寺谷隆子さん（現ＪＨＣ板橋会理事）たちが実施したアンケート調査の結果で、私たちは知りました。

地域で暮らす同じ住民としてこれをかなえよう！　というのがＪＨＣ板橋会のスタートのきっかけでした。

（追記）ＪＨＣ板橋会（Joint House Cosmos）とは、精神障害者の社会参加をはじめ、先駆的創造的な福祉活動を進め、広く区民の心の健康と福祉に寄与することを目的に１９８３年に設立された民間の援助団体です。誰もが住民として、調和（Cosmos）をもち、交流する（Joint）拠点（House）として、相互に尊重し合い、友好的に支え合う地域社会づくりのために活動しています。

(1) はじめの一歩

「寺谷さん、部屋探し、どうする?」。ＪＨＣ板橋会の一歩は、活動の場としてのアパート探しからでした。思うように部屋を探せないジレンマと、昼頃から降り出した雨が追い討ちをかけては、疲れを倍増させます。不動産屋を巡り巡り、再び最初の不動産屋に戻り「先ほど見た物件をもう一度……」と眺め、意を決して「ここを借りたい」と申し出たのです。「何か隠しているんじゃない……?」と不動産屋に不審に思われたのも無理からぬこと。寺谷さんが話し終わると、「大変ね。わかった。2～3日時間をちょうだい、大家にかけあってみるから……」と言ってもらえたときは本当に胸をなでおろしたものの、すぐに、いやいや本当にわかってくれたのかしらと、逆に不安に駆り立てられる日々が始まったのです。

幸いなことに契約を交わして部屋を借りることができ、お金を出し合って準備を始めた11人の運営委員（民間精神病院で働く精神科ソーシャルワーカーや看護師、保健所の心理士ら）は、次のステップとして部屋の改修に取りかかることになりました。お金はないけれど……と言いながら、多くの働く仲間たちが手伝ってくれました。大工仕事を引き受けてお弁当を用意してくださった遠藤幹男さんマキイさんご夫妻、儲けなしで壁紙を張り替えリメイクをしてくださった仕事仲間のご主人、掃除や荷物運び、家に眠っていた食器や洗剤、鉛筆の一本まで、みんなで持ち寄ったものです。もちろん利用者が集う場ですからスタッフがいることが条件です。遠藤マキイさんが大山作業所の所長となり、作業所を見守り、利用者が参加しやすいように笑顔で迎える姿に、メンバーや運営委員はどんなに力づけられたかしれません。

それまでの患者さんやデイケアメンバーとの出会いや関わりから、人が心を病むということが他人事ではなく、誰にでも起こりうる病いであるということがわかっていました。だからこそ、住み慣れた地域で、当たり前の生活を営むことを目指したのです。ノーマライゼーションの実現は、すべての運営委員の願いであったのです。

最初の1か月は、何もせずに時間ばかりが過ぎていくことになりそうで、働き者の遠藤所長には所長としてのつらい修業が続きました。しかし、運営委員が自分の職場のメンバーを募って見学に来てくれましたし、デイケアで見学を募ってくれたりもしました。また利用者から利用者へと情報が口コミで伝わり、最初の不安も杞憂に終わりました。

当初は、コンシューマー代表者、つまり心の病をもつ利用者自身が初代所長に着任することを計画していたのですが、日本の精神保健福祉の考え方では、コンシューマーは、「治療を受けている者」との区分けがされていました。さらに所長にあたる者の条件として「教育や心理や社会福祉などの学習をしてきた者」という制約がありました。そのため、小規模作業所の遠藤マキイさんは日本精神医学ソーシャルワーカー協会（現日本精神保健福祉士協会）の研修を受けに行かざるをえませんでした。

遠藤さんにはメンバーを温かく見守る役割を担ってもらい、寺谷さんは作業集めや資金繰りを担い、筆者は区役所の窓口に実績報告を兼ね、毎週1回、カウンター越しに担当者に報告をしにいく役割を担いました。当時は6か月の事業実績がなければ補助金申請ができませんでしたから、すげなく「ご苦労さん」だけで終わる窓口報告であっても、区役所通いをあきらめるわけにはいきませんでした。そのうち報告に出向くと、担当者が「お茶飲んでいかない？」と声をかけてくれるようになりました。このときは小躍りしたくなるほどうれしかったことを覚えています。ようやく理解してもらえたという安堵感と、カウンター越しの担当者との40数センチの距離が4メートルにも感じられていたのに、一気に縮んだような思いがしました。その次からはカウンターがはずされたように、報告に行くたびに「コーヒーにする？　紅茶にする？」と聞いてくれて、カウンターの中でいろいろな手続きについて指導してくれるようになりました。そしてついに、「応援しているよ」と力強く語ってくださったのです。

11人の運営委員の結束もさることながら、周囲のスタッフやメンバー、地域の住民も何かと声をかけてくれ、家庭で不用な道具など運んでくれました。一人ひとりの出会いを大切にすることで、点から線へ、そして線から円へと支援の輪が広がっていきました。最初は小さな円でしたが、その円は幾重にも重なり大きくなっていくための基礎工事であったといえるでしょう。

（2）二度目の決断……地域で暮らす条件を想う

私たちの夢を追い求めた活動は、新たな次の作業所へとひろがり、拠点が1つ、2つと増えていきました。

最初の大山作業所では不動産屋の女将さんとの出会いがあり、女将さんから大家さんとの出会い、役所の担当者との出会いなどがありました。大家さんから建て直しを相談されたときには、戻ることを前提で設計図の段階から私たちの意見を取り入れてもらいました。あとに知ったことですが、大家さんの息子は、私たちが尊敬してやまない目黒克己先生の元で働いたことがあって、私たちの活動をよく理解していたとのことでした。

建物が完成するまでの間、志村にある工場の倉庫で活動を継続しました。そこの女将さんが経営する食堂のメニューが500円で食べられるようになり、野菜が豊富でボリューム満点の食事に毎日楽しく通えました。

さて、大山作業所が新築となって戻る頃には、ちょっとした難題がもちあがりました。それは、地域ネットワーク図（図1）でわかるように、扇形をした板橋区には、東武東上線と都営三田線が通っ

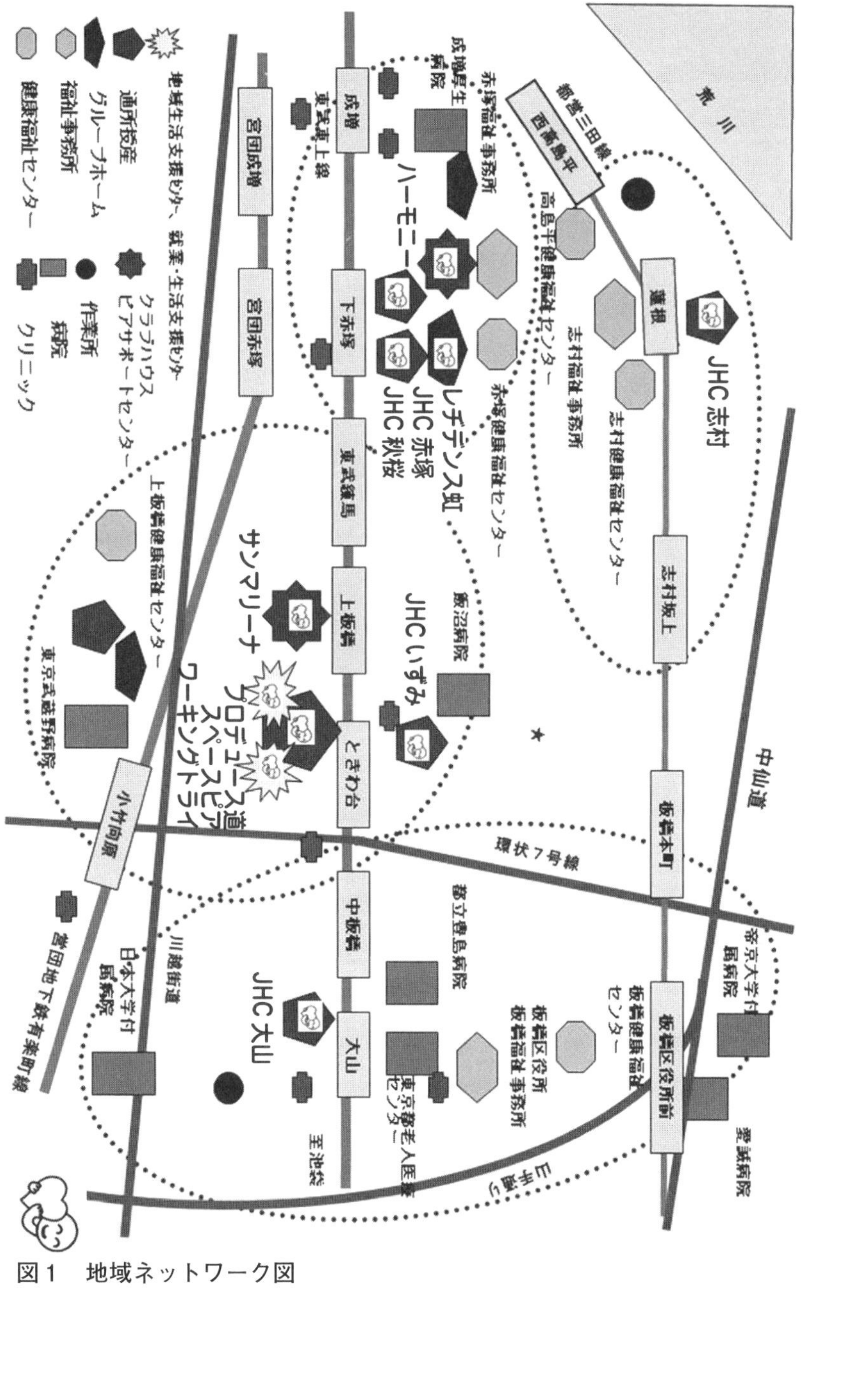

図1　地域ネットワーク図

ていますが、2線の横断的なアクセスがよくありません。メンバーからは大山にも志村にも作業所を開所してほしいという要望が出てきたのです。運営委員会でも賛成と反対に分かれましたが、退院して地域で暮らす条件を思い出し、2か所の開所を決定しました。

そうこうするうち、メンバーからは「いつもサービスを得るばかりではなくて、自分たちも何かつくりたいね」「喜んでもらいたいね」という話になり、たまたまメンバーで経験のあるケーキやクッキーづくりを作業所活動に取り入れた赤塚作業所が立ちあがりました。毎日がつくっては試食の繰り返し、赤塚作業所にはいつも甘い香りが流れていました。

エピソードとして、保健師さんの結婚式の引き出物にクッキーの注文を受け、精魂込めてつくられたクッキーをホテルに運んだものの、当日、支配人に「持ち込み禁止です。衛生上責任をもてません」と言われて引き返しましたが、保健師さんが勤める保健所の所長さんがホテルに抗議を入れ、「私が責任をもつ」という力強い言葉に支えられ、再度ホテルに運ぶことができたということがありました。また、小学校の家庭科の時間に講師として招かれ、生徒たちにクッキーのつくり方を指導し、学校給食を一緒に食べながら雑談を楽しむという経験もできました。こうして学校関係者や子どもたちの口からその家族へ、そして知人へとクッキーづくりは広がり、お店に来てくださるという出会いも生まれるようになりました。

こうして「もっと喜んでもらいたい」「役に立ちたい」という夢に向かった気持ちは、秋桜作業所での弁当づくりとなり、社会福祉協議会の温《ぬく》もりサービスと一緒になって、地域で暮らすひとり暮らしのお年寄りたちに温かいお弁当を配達することにつながりました。「悪いけど、弁当箱を回収にくるときに牛乳1パックを買ってきてくれない？　足が痛くて階段の昇り降りが難しいの」などと頼まれると、喜んでお世話をするメンバーたちがいます。喜んでもらえることで役立つ喜びを味わい、それが自信と勇気へとつながっていきました。

ＪＨＣいずみのカルチャー講座では、まちの人たちと一緒に同じテーブルで教え合い学ぶ姿が見られます。「仲間が仕事を探しているのよ、どこか働けるところはないかしらね」とつぶやくメンバーの声を耳にしたまちの人は、「社長に聞いてみようか。何かあるかもしれない」と思ってくれました。こんなふうにして、職場の開拓が始まり、元気な人たちが社会への扉をあけるのです。また季刊情報誌「ピアメンタルヘルス」の編集・発行では、専門家のボランティア参加によって、取材から記事にする工程を学びました。文化教養を中心にした活動では、地域の人たちも参加して情報交換に花が咲きます。

地域に根ざした活動は、どの作業所でも年月を得るごとに活発になっていきます。企業の下請け作業が入ってくるのを待つ仕事から、地域の担い手となれる仕事へと広がっています。ＪＨＣ大山の清掃を代表として、公園やマンション清掃事業や、ＪＨＣ志村の縫製事業、ＪＨＣ赤塚のお菓子製造販売事業による自主製品、ＪＨＣ秋桜の喫茶や配食サービス、ＪＨＣいずみのカルチャー講座など、そのどれもが地域住民と身近に接し、日常的な交流へこだわったことから生まれてきたものでした。それぞれの作業所は独立した事業をもちつつ、互いに有機的につながっていきました。

2. 相互支援の台頭

(1) 国際交流……目からウロコが落ちたとき

ＪＨＣ板橋会の国際交流セミナーが開始された第1回「当事者援助活動・職業リハビリテーション」における、コンシューマーで職業リハビリテーションカウンセラーのルー・ウィリアム氏の講演が終わり、興奮に包まれた会場にはルーさんに駆け寄り握手する人びとの波がありました。それは、誰もが障害の垣根を超えてチャンスさえあれば、自分のもっている力を人々に提供することができるのだという勇気と自信と安心のエンパワメントの風が吹いた瞬間でした。ウィリアム氏は自分自身の障害を克服した体験を語りつつ、その体験をとおしてお互いに支え合うことができることの素晴らしさを伝えてくれたのです。

第2回国際交流セミナー「当事者活動・クラブハウス活動」では、ニューヨークのクラブハウス「ファウンテンハウス」について、メンバーからスタッフになったマーク・グリックマン氏は、患者としてではなく人間として生きること、クラブハウスに参加登録するメンバーやスタッフが協働でクラブハウスの運営に関わる素晴らしさ、役割を担う喜びと期待されることで自信につながることを強調されました。特に過渡的雇用の話では、無理なく自分の能力を確かめ、さまざまな仕事にチャレンジしていく喜びが伝わってきました。さらには、次のサービス利用者が安心してサービスを活用でき

コンシューマー（consumer）

コンシューマー（consumer）という英語は「消費者」を意味している。かつての医学モデルの福祉やリハビリテーションのもとで、サービスを提供されるだけの「対象者（client）」であった障害者が、サービスの利用者として主導権をもってサービスのプロセス全体をコントロールする（consumer control）ことの意義が強調されるなかから、障害者自身をコンシューマーと 呼ぶようになった。

クラブハウス（club house）

~ひとりぼっちにならない、させないクラブハウス~

精神障害者の地域リハビリテーション活動を進める「クラブハウス方式」を生み出した、米国ニューヨークの「ファウンテンハウス」は精神障害回復者の自助グループ「WANA（We Are Not Alone）」から出発、1948年に設立された。

クラブハウスとは仲間同士の自助活動を基本とした「共同体」。参加者はメンバーと呼ばれ、お互いの健康な力を生かし、地域で豊かに生きていくための力を自ら創造する相互支援活動を行う。広い世界に旅立つときの港となり、いつでも疲れたときに帰ってくることができる場所である。

JHC板橋会の「サン・マリーナ」は1992年設立。「世界クラブハウス連盟規約」に基づいた活動内容で認可された日本初のクラブハウスであり、板橋区と東京都から助成金を受けている。

日本の東京（サン・マリーナ、クラブハウスはばたき、ストライドクラブ）、奈良（ピアステーションゆう）、岐阜（クラブハウスゆうせん）も含め世界30か国400か所に広がっており、２年に１度の世界クラブハウス会議が開催されている。

るようにナビゲーターの役を引き受けることもあるのだとのことでした。

障害をもつ参加者は、グリックマン氏の話を聞きながら、自分自身のさまざまな体験を重ね合わせ、自分も能力を磨き高めていくことができる、徐々に回復していくことができるという自信を得ることができました。

第3回国際交流セミナー「当事者活動・ピアカウンセリングセミナー」では、ピアカウンセラーのロビンソン夫妻が障害を克服しながらコンシューマーセルフヘルプセンターで行っている仲間への相互支援についての講演を行いました。ロビンソン夫妻は、このセミナーを契機にＪＨＣの国際交流セミナーの指定講師として、未来のピアカウンセラーたちへ熱い語りで発信し続けています。海外視察研修では、実際の現場に私たちを招き入れてくださいました。

(2) 海外研修……百聞は一見に如かず

1980年代は、長い間精神病院に入院を強いられた人たちを地域で迎える準備が各地で始まった頃でした。具体的には、保健所デイケアや共同作業所が草の根的に広がっていきました。

このような時期を経たのち、「世界は地球村」を提唱し、ＪＨＣ板橋会のスタッフやメンバーに限りないコンシューマーイズムを提供したセントジョン夫妻（第12回国際交流の講師）のはからいで、私たちは海外の同じ仲間と交流をもつ機会を得ることができました。

1989（平成元）年に始まったＪＨＣ板橋会の海外研修や1990（平成2）年に始まった国際

過渡的雇用（Transitional Employment）

実際の職場で働くことを通じて自信を取り戻していく機会を提供することを目的とした、クラブハウス独自の職業リハビリテーションプログラム。クラブハウスが企業とパートタイムの仕事を契約し、働きに行く人をクラブハウスが決め、パートの賃金は働いたメンバーに直接支払われる。

【特徴】

・職歴を問わない。履歴書の必要なく企業で働くチャレンジができる。
・病気や障害ではなく、働く力が評価される。
・職場に慣れるまで、クラブハウスで一緒に働いたスタッフがジョブコーチとして応援するので安心して開始できる。
・過渡的雇用先に就職はしない。原則として9か月程度を最長期間とし、ローテーションするので多くのメンバーに働くチャンスがある。
・早めにSOSを出してもらい他のスタッフやメンバーがピンチヒッターでカバーする。
・過渡的雇用の経験を、履歴書に職歴として加えることができる。
・メンバーの生活を安定させるための生活支援・相互支援
・クラブハウスでの相互支援活動
・就労支援の関係機関との連携支援
・職場との潤滑油としてのジョブコーチ支援
・セルフヘルプ活動で培った会社のルールを尊重する姿勢

【会社に対するセールスポイント】

①仕事に穴を空けないピンチヒッター制
②マニュアルを作成し、企業の担当者と確認するため、職務が明確であり、責任をもって仕事に取り組む。
そのため、会社はメンバーの職務の評価のみ考えればよい。

交流は、これからの日本の新しい精神保健福祉の行く末を模索していた頃と重なり、コンシューマーの視点を追い求めた時期でもあったのです。海の向こうで、自分たちの希望をかなえてはその自己効力感を次のメンバーに伝えて、自信と勇気と安心を与え続けている仲間たちの活動と、その活動を支援する人びとからの学びと温かなエールがＪＨＣ板橋会の広がりの出発だったといえるでしょう。

こうした国際交流や海外研修によって得られた情報や知識は、ＪＨＣ板橋会で行う援助付き雇用や過渡的雇用、セルフヘルプ活動、社会生活技能訓練（ＳＳＴ）、クラブハウス、ピアカウンセリング導入につながりました。これは、病気をしたことや障害からの回復という経験を支援に生かすという相互支援システムの可能性への示唆を与えられたといえます。

１９９０年10月、ＪＨＣ板橋会でも援助付き雇用の開始と並行してＳＳＴが開始されています。１９８９年に始まった研修に参加したスタッフから援助付き雇用やＳＳＴの報告を受け、学習しながら実施してきたプログラムでした。その実際を見聞きする１９９１（平成３）年の海外視察で、このプログラムが間違っていないこと

援助付き雇用（Supported Employment）

障害者が働くときに、仕事や対人・職場環境などの不安を解消するためにジョブコーチ（職場適応援助者）が一緒に職場に出向き、同じ仕事をしながら支援を行う形態をいう。就職してから訓練をするという方法。仕事に慣れ環境にも慣れればジョブコーチは、その援助を次第に減らしていくが、ジョブコーチのサービスが必要な場合にはいつでも得られる。

を確認できました。協力企業の開拓にはＪＨＣ板橋会の職員全員が知人に協力をあおぎ、行政の担当者の協力も得て、徐々に利用者の「働きたい」という願いを支援する体制がスタートしていきました。これがのちにできた、各事業所が参加した就労支援事業部の活動のために全体で協力し合う素地になりました。

１９９１年、援助付き雇用を行っているカリフォルニア州サクラメント市にある就労支援機関（クロスロード）で学習する機会を得ました。エキストローム所長（第４回国際交流セミナーの講師）の「働きたいと思うときがチャンス、失敗したらそれを教訓に再チャレンジすればいい。できるところからで十分だ、少しずつ労働時間を延ばしていけばいい」という話を聞いたときには、目からウロコが落ちた思いでした。

まだまだ障害者雇用のサービスを受けられないで、仕事を確保することが困難な日本の障害者や支援者たちがこの話を聞いたら、どんなに喜び、勇気をもって仕事探しができることかと思いました。

次に、働きたいという意欲を進めていくためのビジネスマナーや挨拶や自己管理（服薬・金銭・食事など）をはじめとするＳＳＴについ

社会生活技能訓練／ SST（Social Skills Training）

人びとが対人的な状況の中で、相手から期待された反応を得るために必要な技術（ものの見方や考え方と行動の仕方）を、生活場面上、効果的に活用する力を習得するための支援方法。学習は、本人が練習したい課題をもとに日常生活で役立つ技術を練習していく。個別や集団、家族などで利用され、教育・福祉・雇用・司法領域で取り入れられている。

て、ＵＣＬＡブレンウッド病院のソーシャルワーカーであった、今は亡きブラックウェル女史から直接指導を受けました。それまでの支援は、問題が起こったときに、その場が丸く収まればよいという対処中心でしたが、ここでは一人ひとりのこれからの生活設計を通して、想定できそうな課題を、問題が起こる前に学習するという未来志向型の技法が取り入れられていました。実際に課題の解決に向けた取り組みでは、模擬場面を体験し、ポジティブ評価をもらってうれしい気分になりましたし、チャンスがあればまた挑戦したいと前向きになれました。

3. 新しい活動の萌芽

(1) ピアサポートの台頭

国際交流や海外研修、そして日頃の活動で学んだ利用者たちは、板橋区の単独事業である夜間ケアでも力を発揮していきます。昼間の活動が終わり、最初は少しでも仲間たちと一緒に夜の時間を共有しようということで集まったことがきっかけでした。2時間ほどの集まりでは、一緒に、食事をつくったり、勉強会やときには夜間の外出も行いました。こうした夜間の交流では、仲間が仲間をサポートし合う可能性が生まれてきたのです。調理にがんばる人、昼間仕事をしている人たちからは働くことの意義や楽しみ、会社でのビジネスマナーなどが語られ、参加者は思い思いの夢に向って、真剣に耳を傾けます。ＪＨＣ板橋会のスタッフのほか、地域の保健師や病院のソーシャルワーカーも参加しながら、夕食後の語らいで親交を深めていきました。

こうした活動から、仲間たちによるピア活動が動き出していきます。「ハーモニー」はその拠点となりました。ピアによるピアのためのピア活動が開始されたのです。ここでは仲間によるさまざまな学習会が催され、リサイクルショップに集まった地域のお年寄りのサロンとなり、障害のある人もない人も拠り所があることに安心して地域で暮らせる、そんな場所となっていきました。現在は中断していますが、いずれ大きく育ったピアサポーターらによって復活していくことでしょう。

もう一方の就労支援も、国際交流でのセミナーおよび海外研修での学びによって展開されたものです。その活動は現在も継続されています。１９９４（平成６）年、ＪＨＣ板橋会では就労支援事業部を立ちあげ、月１回、各所の就労支援員で構成される連絡会議をもち、働きたい人たちを支援する組織としてスタートしました。これは、マンパワーの問題とも重なり、就労支援員同士のつながりと相互支援システムの構築を行う基礎づくりだったといえます。

夜間ケアも就労支援もピアサポートセンターハーモニーも、東京都地域福祉振興財団の補助金を得てスタートしたものでした。参加者のニーズに応えるには、資金の調達も大変でしたので、どんな小さな資金でも私たちは申請し有効活用させていただきました。社会福祉法人として認可されたのを機会に、数年後にはこの補助金の申請を打ち切り、ピア活動はクラブハウスや地域生活支援センターの活動へ、就労支援事業部は障害者就業・生活支援センターへと包含されていきました。こうして次の新たな活動が生まれていくことになります。

（２）新たな活動の萌芽

１９９１（平成３）年の開設準備を経て、日本ではじめてのクラブハウス「サン・マリーナ」が板橋区独自のソーシャルハウス事業として１９９２（平成４）年に誕生しました。サン・マリーナは、１９４６年ニューヨークで始まった精神障害者回復者の自助グループ（WANA We are not alone.）から出発し、１９４８年に設立されたファウンテンハウスをモデルとしています。クラブハウスは、仲間同士の自助活動を基本とした「共同体」です。つまり、自助活動を相互に助け合い、健康な部分を生かしながら、地域で生活していく力を養い創造していきます。そのためスタッフには、マネジメント力が要求されてきます。すなわち障害をもった登録者に焦点をおいた支援だけではなく、登録者を取り巻く環境にも配慮した総合的な支援力が求められているのです。クラブハウスに登録する一人ひとりが、保健師、病院のソーシャルワーカー、友人、家族などのケアマネジメントを受けながら、ともに地域で暮らす住民意識をもって参加します。そしてメンバーとして、クラブハウスの運営や活動に参加し、担い手となって活動に参加していきます。もちろん主体的に自分のできるところから参加していくわけですから、そこには責任も生じます。こうして自立した社会生活を送れるようにメンバーは力をつけていくのです。

ＪＨＣ板橋会は、１９９６（平成８）年には社会福祉法人格を取得して翌年には社会就労センター（授産施設）「プロデュース道《みち》」が開設されました。社会就労センターは「ＳＥＬＰ《セルプ》」と表現され、Selfhelp（自立・自助）Employment（就労）、Living（生活）、Participation（参加）という就労と地域生活の支援を主旨としています。プロデュース道はＳＥＬＰの機能を発揮して、一人ひとりが自らの人生や生き方を自分なりに選択・アレンジし、さまざまな人たちとの交流や活動を通して、個性的で豊かな生活を自らつくりあげていくことを支援し、やさしいまちづくりを積極的に担っていくことを目指しています。これまでの地域住民の参加と協働によってもたらされた精神障害者の地域生活支援、当事者の相互支援活動への取り組みが土壌となって夢が実現した瞬間でした。

この間、ＪＨＣ板橋会では、スタッフもメンバーもともに話し合いを続け、活動内容の確認を進めてきました。５つの共同作業所の活動を集約し、一般就労を目指してスタートしていくという内容でした。５か所の作業所の活動内容を書き出し、社会就労センターに集約させようとしたのです。共同作業所で基本生活のリズムを整え、次のステップとして、働く希望をもった人たちがプロデュース道で一般就労に近い労働時間（始業時間、休憩時間、シフト交替制、反省会など）で訓練していくことの確認でした。また、建物の１階部分にはレストランを設けてはどうか、２階部分にはランドリーをおいてはどうか？　休憩室は？　ミーティングルームは？　３階には事務室、面接室はどこにするか？　など、ワクワクするような準備作業に毎回の参加が楽しみでした。

同時に、作業所と授産施設の違いについても各作業所で説明会を開いてきましたし、こうした集まりでは毎回、確認作業を必要としました。それは自分たちが行っている作業が、就労センターでも始まるということで、自分の登録先がどこになるのかで混乱する人もいたからでした。

多様な作業があれば、メンバーはそのなかから自分の得意とする作業を見つけることができます。

また、これまで不得手だった作業に挑戦する人もでてきます。それに対して参加者から肯定的な評価を得られれば、さらに自信を得ています。

レストランに通う常連さんの中には、日替わり弁当を楽しみに通ってきていて、ひとり暮らしの生活に潤いが得られると感謝してくださる人もいます。地域に根ざした活動が着実に育っていると実感できるときです。

社会就労センターが開設した1年後の1998（平成10）年10月には、地域生活支援センターが開設されました。さらには、一般就労を目指す人たちに住んでいる地域のさまざまな機関との連携で就労支援が推進されるような機能をもったセンターとして、障害者就業・生活支援センターが開設されました。このセンターはこれまでの福祉領域ではなく、雇用支援の領域からスタートしたものです。つまり、福祉施設で就労前訓練を行った人たちが、一般就労を目指すために活用できるセンターが生まれたのです。いったん就職してもやめていく人も多くいます。このような場合に、継続して仕事ができるようなしくみや支援を提供していくのもセンターの役割です。これまで以上に、サービスの質をあげ、サービスを使いやすいものにしていかなければ利用する人がいなくなってしまうという危険性も併せもっています。こうして就労前訓練を進めていくことができるための一貫した流れが用意されてきたのです。図2は、参加者のニーズが活動する事業の形になって育まれてきたものです。

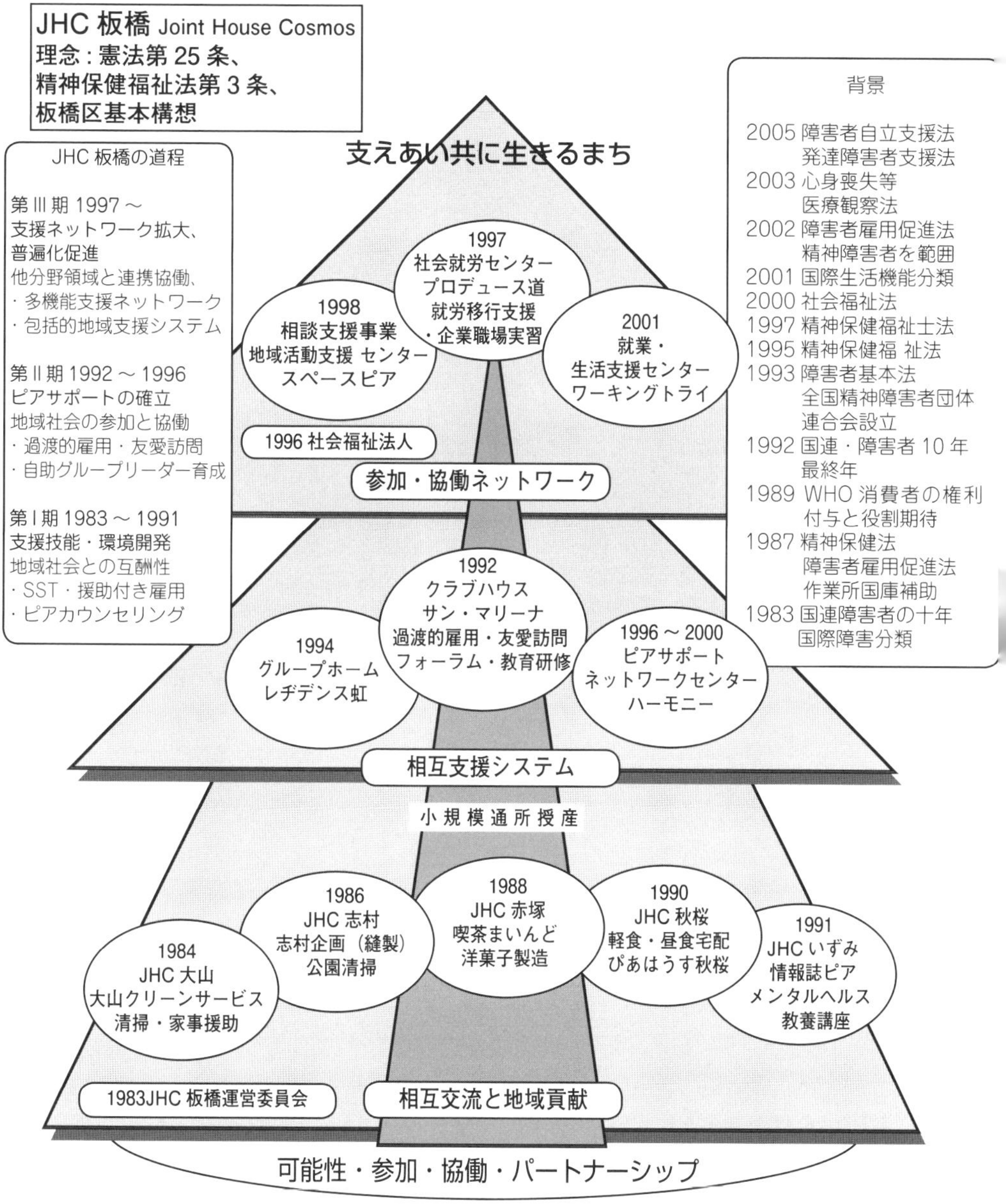
JHC 板橋 Joint House Cosmos
理念 : 憲法第 25 条、
精神保健福祉法第 3 条、
板橋区基本構想
JHC 板橋の道程
第 III 期 1997 ～
支援ネットワーク拡大、
普遍化促進
他分野領域と連携協働、
・多機能支援ネットワーク
・包括的地域支援システム
第 II 期 1992 ～ 1996
ピアサポートの確立
地域社会の参加と協働
・過渡的雇用・友愛訪問
・自助グループリーダー育成
第 I 期 1983 ～ 1991
支援技能・環境開発
地域社会との互酬性
・SST・援助付き雇用
・ピアカウンセリング
支えあい共に生きるまち
1997
社会就労センター
プロデュース道
就労移行支援
・企業職場実習
1998
相談支援事業
地域活動支援 センター
スペースピア
2001
就業・
生活支援センター
ワーキングトライ
1996 社会福祉法人
参加・協働ネットワーク
1992
クラブハウス
サン・マリーナ
過渡的雇用・友愛訪問
フォーラム・教育研修
1994
グループホーム
レヂデンス虹
1996 ～ 2000
ピアサポート
ネットワークセンター
ハーモニー
相互支援システム
小規模通所授産
1986
JHC 志村
志村企画（縫製）
公園清掃
1988
JHC 赤塚
喫茶まいんど
洋菓子製造
1990
JHC 秋桜
軽食・昼食宅配
ぴあはうす秋桜
1984
JHC 大山
大山クリーンサービス
清掃・家事援助
1991
JHC いずみ
情報誌ピア
メンタルヘルス
教養講座
1983JHC 板橋運営委員会
相互交流と地域貢献
可能性・参加・協働・パートナーシップ
背景
2005 障害者自立支援法
発達障害者支援法
2003 心身喪失等
医療観察法
2002 障害者雇用促進法
精神障害者を範囲
2001 国際生活機能分類
2000 社会福祉法
1997 精神保健福祉士法
1995 精神保健福 祉法
1993 障害者基本法
全国精神障害者団体
連合会設立
1992 国連・障害者 10 年
最終年
1989 WHO 消費者の権利
付与と役割期待
1987 精神保健法
障害者雇用促進法
作業所国庫補助
1983 国連障害者の十年
国際障害分類

図２　JHC 板橋会の組織図

（3）就労支援のこれから

障害者自立支援法が本格施行されたことにより、原則として、障害をもつ人であれば誰もが同法に基づくサービスを利用することができますし、サービスを提供する側には、機能的なサービスの提供が要求されてきます。また、利用者が利用しやすいような工夫が必要となります。私たちが地域で快適に暮らしていくには、何があればよいのでしょうか。ＪＨＣを立ちあげたとき、長期入院中の人たちは、５つの条件があれば退院できると述べました。それは豊かな資金や資源ではありませんでした。むしろそこには、血の通う人と人の出会いを必要とされるのであり、安心した生活の保障ということが基本でした。就労支援はその安心の生活の上に成り立ちます。

メンバーの希望を可能な限り受け入れて、２００８（平成20）年9月、ＪＨＣ板橋会は25周年を迎えることができました。水面に石を落としたときにできる波紋のように、出会いが出会いを生み、手と手をつなぎ、多くの実りへとつながっていく様を、関係したすべての人が肌で実感された25年間であったと信じています。

今、国は「障害者の権利条約」の批准に向けて、関連法案の改正を行おうとしています。そのなかで、第27条の「雇用」に関する項目だけでも多くの課題をもっています。たとえば、障害者の雇用率が達成されたことは一度もなく、ＩＬＯ（国際労働機関）は日本に是正勧告の検討に入ったと伝えられています。そうなれば、今までの障害者の雇用形態が拡大され、障害者の能力に見合った労働時間が保障され、障害者も経済の受容者と供給者、消費者と経営者として社会に参加することになるでしょう。

　そうなると、関連領域の横断的な支えが不可欠です。各省庁が歩み寄って解決に向おうとしている現在、私たちは現場から本当に必要な情報を提供し、誰もが安心して暮らせる社会づくりに、一緒に取り組むことができるチャンスであると考えます。厚生労働省の社会・援護局、職業安定局などの省内部署に留まらず、内閣府や総務省、法務省、国土交通省、文部科学省の就労支援に関連する領域がともに歩み寄り、一緒のテーブルで話し合える日はもうすぐそこに来ている、と期待しています。

　一度歩き出した活動は、決して歩みを止めることはできません。みんなの役に立ちたいと願った思いを継続させていくためにも、立ち止まることはできないのです。また、25年前と今とでは理念こそ変わらないけれど、その時代が要求する目的に沿った活動をすばやくキャッチして、取り組んでいかないと井の中の蛙になってしまいます。そうしたことからも、第2部で報告される取り組みは、就労支援の具体例としてぜひ読み進んでいただきたいと思います。

第2部

福祉、企業、行政のコラボレーションのスタート

第１章　「企業で働きたい」願いを実現する力を育む
～就労移行支援事業　プロデュース道～

ＪＨＣ板橋会　社会就労センタープロデュース道　佐藤　優子

１．地域社会のふつうの一員として

毎年５月半ばの日曜日、ときわ台駅近くの天祖神社境内は町内会、商店会合同の「どっこい祭り」でにぎわいます。社会就労センター「プロデュース道《みち》」と地域活動支援センター「スペースピア」はフリーマーケットに出品したり、参加者にふるまうやきそばやかき氷づくり、風船の空気入れなどお祭りを盛りあげる町内会の一員として加わります。

１９９７（平成９）年、社会就労センタープロデュース道を設置した当初から、南常盤台商店会、南常盤台２丁目町内会の一員としてこころよく迎えていただきました。

たくさんのまちの皆さんと懇意な関係の中で、レストラン風見鶏では一般就労を目指す利用者が、開店準備や弁当の盛り付け、弁当配達、フロアでの接客、食器洗浄、後片づけ、制服の洗濯、清掃などの作業に就労のための準備トレーニングとして取り組んでいます。自然な地域のつながりという環

境の中で、普通に働きながらプロデュース道の活動ができることは何にも代えがたいことです。

2.「一般企業で働きたい」という願いの実現に向けて

プロデュース道では、利用者の「一般企業で働きたい」という願いを実現するために、担当スタッフが本人と就労するうえでの希望や課題について話し合います。それに基づき個別支援計画を作成して「働く力」をはぐくむトレーニングの機会を提供します。利用を開始した当初は、まずは施設の中で、レストランの運営に必要な作業に携わります。毎日決められた時間に出勤して、1日を通して働くことのできる生活リズムや体力をつけ、作業を手順よくできるよう覚えていきます。仲間や職員とともに働くなかで互いに折り合いをつけながら協力できる職場の対人関係のもち方など、働く生活の習慣を身につけていきます。

トレーニングは作業場面だけでなく、就職した先輩の体験談を聞いたり、企業見学やハローワークの利用の仕方を学んだりする就労準備学習会で情報提供を受け、モチベーションを高めるための支援を行います。SSTでは「指示を仰ぎたい相手が忙しいときにどう話しかけ、仕事を進めたらいいか」「休暇をもらいたいときにどう伝えたらいいか」など、職場にふさわしいマナーについて話し合い、働く場面で使える引き出しの数を増やして、日常の活動場面で生かします。

先輩たちの体験談は、何度も就職・離職を繰り返し、再発し入院したりと波乱万丈です。それでも再チャレンジをあきらめないで取り組み、企業で採用に至った経過や気持ちを伝えてくれます。再就職にトライして、病気のことを伝えると面接さえしてもらえなかったという体験談もあります。採用されても、他の社員やパート従業員と同じ作業スピードや残業を求められて、それに応えられなかったという失敗体験に傷ついたり、なんとかついていこうとして疲弊して再発し、退職に至るという悪循環を経験してきたという人もいます。

「やっぱり病院のデイケアと社会のギャップは大きかった」と自分の障害を受け入れて、自分のできることを自分自身が大事にして、障害を配慮してもらえる環境での就職を目指す気持ちに納得できたとき、プロデュース道にたどりついたという人もいます。そんな先輩たちの体験談はトレーニング中の利用者にとって、「自分だったらあきらめたかもしれない。チャレンジ精神を見習いたい」「簡単には就職できるわけじゃないんだな。焦らないで足元を固めようと思った」などと希望の実現に至る道程のモデルとなっています。

プロデュース道を利用することの意味は、就職に焦る気持ちをおさえ、いったんペースを落として、ここでまずじっくりと作業を覚え、協力し合って一つの仕事を完成させるプロセスを体験することにあります。それを通して、自分の「仕事の覚え方」「人に対しての感じ方」「話し方」のタイプ、「毎日規則正しい職業生活を送るために必要な生活の組み立て方」を体得していきます。仕事をするということは、なんでもマイペースというわけにはいかず、ストレスがかかることでもあります。危機対処などの病気とのつき合い方、医療者とのタッグがどれくらい組むことができているかなど、自分のありのままの姿を見る期間になるのです。

3．福祉施設と一般企業就労とのギャップをつなぐ～本物の職場で働く経験～

それでも施設の中には、一般企業とのギャップがやはりあります。施設では寝坊や遅刻があってもクビになるわけではありません。安心できる仲間と楽しい時間を毎日過ごすうちに通う目的が見えなくなることもあります。また福祉施設職員の対応は保護的で、故意ではないにしろ、一般就労する力をつけたいはずの本人が責任をとる場面を、いつの間にか奪ってしまうことさえあります。

その人の希望をかなえるためにどう関わることが適しているのか。従来の福祉施設の中だけでは一般就労を促進する援助が不足しています。障害者就業・生活支援センター「ワーキング・トライ」が活動を開始し、中小企業家同友会等の地域の企業やハローワークとの連携を深めていき、実習の場の提供に協力をいただくようになりました。実際の職場における実習が始まると、都心を通っての通勤、期待されている労働が毎日待っている職場、仕事の同僚とのコンビネーションをうまくとるストレス、調子の悪さをどう伝えるかなど、自分の課題に日々向き合っていくことをとおして、実際に就職したときにどんな課題が出てくるのか、どんな準備、工夫をすることで職場定着が可能になるのかなどを実体験して見極める機会として有効であることが改めてわかってきました。支援者がつかむことはもちろんですが、何よりも本人が自分の強みも課題も納得して受け入れていくプロセスとして、むしろ実際の職場における実習は不可欠であることを実感しました。

クラブハウスの過渡的雇用が施設の中の仕事で工賃を受け取るのではなく、限定された期間でありながらも、いくつもの実際の企業の現場で「働く経験を積む」スタイルであることの意味はここにあります。ここでは企業社会での仕事の質が求められ、応えようとする環境の中での経験をします。ときには中途で力の限界に出合うかもしれません。それでも自分の姿を知った経験を、次へのステップにつなげていくための支援者の伴走があります。挑戦する姿は賞讃に値し、自らのエンパワメントをもたらすのです。

4．「施設外授産事業」エントリー

２００６（平成18）年3月、当時の東京障害者職業センター次長宮崎哲治さんから生活協同組合コープとうきょうを契約先企業として紹介していただき、ＪＨＣ板橋会が東京都の補助事業「施設外授産の活用による就職促進事業」にエントリーすることをご提案いただきました。

働く現場が、同じ板橋区内の事業所であること、生活に身近な食品や生活用品を扱う親近感のある作業であること、市民の共同購入による安心な生活を守っていく活動を行う生活協同組合の業務は生活者として共感できる理念をもつ企業であることなどから関心を深めました。

お互いどのように責任を果たしていけるのか、不安な手探りの中でのスタートでした。しかしながら、コープとうきょうは障害者雇用率を達成しているうえで、さらなるノーマライゼーション社会実現への社会貢献の理念と、よい労働力の確保は企業としての利益であるという考えをもっていました。JHC板橋会も援助付き雇用や過渡的雇用での企業との協働の経験を生かして、新たな企業現場実習の機会を実現したいとの思いがあり、事業を開始することになりました。

業務委託契約書の冒頭に、次のように高らかに協働事業としての就労移行支援をうたいました。

「コープとうきょう、JHC板橋会および東京都並びに公共職業安定所等雇用支援機関とが、それぞれ連携し協力して、就労移行を促進し、障害者の参加・参画の共生社会の実現に寄与するために、以下の業務委託契約を締結します」

3月半ば、まだ桜のつぼみも固い頃にコープとうきょう板橋センターでの顔合わせから事業が開始されました。

施設外授産事業

東京都の障害者の職業リハビリテーション支援のための助成事業である「施設外授産の活用による就職促進事業」の略称。

プロデュース道とコープとうきょうの施設外授産事業は 2006（平成 18）年 4 月より開始。プロデュース道が 2007 年 10 月障害者自立支援法に基づく事業へと移行したことにより、この助成事業の対象ではなくなった。

その後、プロデュース道とコープとうきょうでは独自の協働事業**「施設外職場体験実習」**として継続している。

5．職員総力をあげて、委託業務の切り出しを検討

東京都の事業認可を受けて、実際に委託業務をどのように引き受けていくのかを検討する段階では、ＪＨＣ板橋会のスタッフ12人が４日間、交替でのべ16人が板橋センターの倉庫業務を体験して、実際にどの業務をどの程度であれば責任をもって引き受けられ、就労支援に生かせる実習になるかを検討しました。企業にとって必要な毎日の業務を、利用者のグループと、必ず１人従事する指導員のローテーションにより確実にこなせなくては責任が果たせません。また、多くの利用者が企業実習のチャンスを体験できるような業務内容であることも必要でした。過渡的雇用で、法律事務所や新聞社の郵便物などの仕分け配達業務を、メンバーが代わる代わるローテーションを組みながら請け負ってきた10年間の経験が、業務切り出しの検討やトレーニングプログラムの作成に生かされました。

板橋センターの倉庫作業は早朝７時からスタートしますが、さまざまな利用者の実習先とするにはあまりに早く、かといって10時からの仕分け作業だけでは就職の練習には物足りない、などと欲張りな思いをどう解決しようかと悩みました。しかし、当時の板橋センター長の加藤正浩さんは「まずは要望を言ってみてください。そのうえで可能かどうか検討しますから」とさらりと言ってくださったのです。そうか、企業というのは現実的なところで摺り合わせるところなのだと思い、まずは率直に希望を伝え、相談にのっていただきました。現在雇用されている従業員の仕事の確保など、センター

長は悩むところだったと思いますが、8時半～9時半の食料品の宅配荷物トラック積み込み業務と、そのあとの翌日配達分の日用品の別積み分の仕分け作業を請け負うことが決まりました。

6. 事業開始準備～利用者の不安を軽減し、仕事の質を保つプログラムづくり～

次に、はじめての職場で実習を始める利用者の不安を軽減しながら、業務に対して質を確保するための準備に取りかかりました。請負うことになった業務を再度、スタッフが体験して、指導員としての仕事を把握し、利用者が作業を理解しやすいマニュアルを作成しました。

具体的には、1日のタイムスケジュール、朝と帰りのミーティングのもち方、作業とグループミーティングを組み合わせた週間スケジュールを組みました。作業については手順マニュアル、安全に確実に作業遂行するために必要なノウハウを取り入れたチェックリストなどをすべてコープとうきょうの作業バージョンとして新しくつくりました。

実際に仕事を開始する前に、まず参加を希望する利用者は現場見学に出かけました。そして、プロデュース道内に機材を借りて持ち込み、トラック積み込み練習や、仕分け作業のオリエンテーションを行いました。利用者には事前に「こんな仕事をするんだな」と、体験的なオリエンテーションで心の準備をしてもらい、はじめての実習への不安の軽減を図りました。

実際の労働については、通常2～3人のパート従業員が4～5時間で行う作業を請け負いました。

これを施設外指導員（以下、指導員）1人と利用者4人で遂行し、指導員が作業の責任をもちます。利用者はトレーニングとして自分のペースで働くようにし、労働の対価については施設の工賃として支払われます。

7．利用者、家族へのオリエンテーション

職場体験実習の事業をプロデュース道の利用者へ説明し、参加希望者を募ったところ、早速その日のうちに「やってみたい」と次々申し出がありました。スタッフ側から推薦しようと考えていた利用者や、倉庫作業は選択しないだろうと思っていた利用者などさまざまでした。いずれも一般就労への意欲が高く、自分自身がどれくらいの時間や内容で働ける体力と理解力があるのかなど、よく把握していました。食品や日用品などの身近に感じられる業務内容や「板橋センターまで、家から歩いて15分なのです」などと、通いやすい板橋区内の事業所であることも背中を押してくれていたようでした。施設の中でのトレーニングを終え、次のステップの経験をしてもらいたいと思う人を推薦し、5人の第1期生が決まりました。

仕事のオリエンテーションの前に、これはトレーニングとしての実習であって、個人とコープとうきょうとの雇用関係ではないことなど、事業概要をよく理解してもらい、納得のうえで参加してもらいたいと考えました。利用者本人、家族に向けた事業説明の確認書、同意書を作成して、署名捺印提

出をお願いしました。当初請け負った作業は朝8時半スタートですから、それまでより1時間早い起床・出勤時間となり、家族も生活時間を合わせて送り出すなど、協力が支えとなりました。企業側、施設側ともに最も懸念し話し合ったのが、事故、けがなどが起こったときの対応についてでした。結果的には、雇用契約ではないため、施設における活動のために加入している24時間対応の傷害保険を適用することにしました。

8. 個別支援と就労支援機関との連携

利用者はこの事業の利用終了後に、一般就労につなげることを目的としています。スムーズに一般就労へ移行できるよう、利用者は必ずハローワークへの求職申込（利用者登録）と、障害者就業・生活支援センターワーキング・トライの支援を受けるよう登録をすることにしました。

プロデュース道とワーキング・トライのそれぞれの個人担当スタッフがともに、利用者本人と面接を行い、職務遂行上の課題や、

施設外指導員とジョブコーチ

本書での「施設外指導員」とは、施設外職場体験実習事業での企業現場において利用者の指導、作業責任を担う福祉施設から派遣されるスタッフの呼称。新しく実習を開始する利用者にマンツーマンで支援をするスタッフを「ジョブコーチ」として、施設外指導員とは別に施設から派遣している。

施設外職場体験実習　支援計画書

[平成20 年　6月　8日作成　・　平成　　年　　月　　日変更]　作成者（秋吉　　　　）
本人説明日　20 年　6月　10日承認サイン（　山本 太郎　　　）

氏名	山本 太郎　男性28歳	家族氏名	山本 健二　　（続柄　　）

指導担当者		氏名	所属
	施設外指導員	服部	プロデュース道
	ジョブコーチ	塩谷	プロデュース道
	就労支援機関 雇用支援ワーカー	下園	ワーキング・トライ

支援期間	平成 20 年 3 月 1 日 ～平成 20 年 5 月 31 日 [　3 ヶ月] 3ヶ月を単位とし、振り返りと見直しを行う。
実習環境	事業所名称　コープとうきょう　板橋センター 住所　　　　板橋区●●●
作業内容	配送品（日用品）の仕分け
本人の希望・目標	・障害をオープンにし適性に合った仕事で一般就労をしたい ・遅刻欠勤なく仕事にのぞむ ・人と協力するコミュニケーション力を培う

	支援事項(支援ポイント)	支援計画(内容・方法・回数・頻度等)
対象者支援	1、業務遂行に関する適応支援 （1）生活面　《身だしなみ、生活リズム（食事、睡眠、遅刻早退欠勤）》 ・コープの就業時間にあわせた生活時間に慣れる	・休み明けの仕事に備えた休日の過ごし方に助言が必要 ・週1回就労ミーティング、週1回個別面接
	（2）健康管理（通院、服薬、身体チェック） ・定期通院支援・主治医、ケースワーカーとの相談継続	・不安時すぐ相談するなど病状安定への対応を自ら心がけていることを支持 ・必要に応じて関係機関連携する
	（3）作業面　《作業遂行能力、作業態度、体力》 ・仕事への意欲、理解力が高い。体力もあるが長く継続していく働き方を身に付ける。	・スピードにとらわれ過ぎると周囲とのコミュニケーションの不足、気持ちが先行しがちなため状況に合わせ声かけしていきたい。 ・1日、1週間通してのペース配分を見守る
	2、職場環境（人間関係を含む）への適応支援 ・元気なあいさつができる ・仕事に必要なチームでコミュニケーションが課題	・質問や疑問など必要な声かけをタイミングを見て実行できるよう見守りたい。
家族支援	1、家族状況	・衣食住の生活面サポートを頼っている
	2、支援状況の伝達、確認 ・実習開始を確認済み	・生活時間を実習に合わせる協力を得ている
関係機関への協力要請事項	1、ワーキングトライ登録（適宜情報を共有し、必要な支援を依頼する）平成20年3月16日登録面接済み	
	2、ハローワーク求職者登録（同様）	・今後予定
	3、障害者職業センター	・今後予定

働く生活を支える背景として健康面や家族の状況、主治医や保健師との支援関係などについて把握、確認をします。これらを元に個別支援計画をたて、３か月単位を1クールとして、実践しながら定期的な振り返りをしました。

利用者は毎日、コープとうきょうでの実習のためのオリジナル「自己チェックリスト」(資料編 xi頁参照)を使って、1日の自分自身の仕事への取り組み方の振り返りをし、1週間を振り返ってのコメントを書きます。よいところを本人が自信にして、課題を焦点化して取り組んでほしいのでＪＨＣ板橋会の指導員が毎週コメントを付したうえで本人に戻し、相互評価を行います。

これらを通じて長所を発見し伸ばしながら、就労に向けた課題をとらえ、また取り組んでいく動機付けを一緒に支えていきたいと思っています。

9．事業の本格開始

6月に入りようやく事業の準備が整い、1週間の現場での作業実習も行ったうえ、業務請負作業を6月12日より本格開始することになりました。1日4人の利用者が朝8時半から13時半頃まで、短い休憩を数回はさみながら、1日5時間程度の業務を行います。5人の利用者が1人週4日、月～金曜日の5日間をローテーションを組んで働きます。

実習初日にはコープとうきょう板橋センターの皆さんの挨拶の元気のよさ、明るさ、気持ちのよさにまず感動させられました。こんなあたたかい声かけのある職場で働けることをうれしく感じ、私たちもまた、同じようにふさわしい声で挨拶します。元気な返事が返ってきて、そのやりとりがうれしく、職場の一員として受け入れられている実感があり、自分も挨拶がしっかりできると、職場にふさわしい行動ができているという自信につながりました。

これまでコープとうきょう板橋センターでは、特別支援学校からの一定期間の職場実習受け入れの経験があり、パートの皆さんも、こころよく受け入れてくださいました。ただ、今回は短期間ではなく継続して一緒に働く関係で、不安もあったことでしょう。センターの人たちもＪＨＣ板橋会の活動にも関心をもち、早速、プロデュース道の「レストラン風見鶏」に、５～６人のパートさんがランチを食べにみえました。板橋区内とはいえ、交通の便はよいとはいえない距離をバスに乗って来てくださったことに感激しました。その翌日には実習先でレストランのことが話題になって、お互いがより身近に感じられるようになりました。

自分たちもコープとうきょうの業務の一端を担っている一員であり「障害者だから」という意識をもたずに、職場の仲間として受け入れられている実感をもって働くことができています。また、センター長をはじめ社員、パートさんたちは労働者として、社会人としてのよきモデルとなっています。

第２章　精神障害者の就労モデルを求めて～東京都の取り組み～

元・東京都産業労働局
現・ハローワーク足立　佐藤　慎也

１．１本の内線電話から

今では相思相愛のＪＨＣ板橋会とコープとうきょうですが、両者が出会うまでの話を紹介します。

そこには、精神障害者の就労モデルを求めていた行政の熱い思いがありました。

東京都では、施設外授産事業の推進のため「施設外授産事業の活用による就職促進事業推進委員会」（構成メンバー／事業実施施設・企業、関係行政機関）を設置し、就職促進のための関係機関との連携のあり方や効果的支援のあり方などの検討を進めていました。しかし、「なんとかよい事業に育てたい」という各委員の思いとは裏腹に、この事業を始めてすでに1年が経過しようとしていたその時期に、2年目からの事業の効果的な展開のための議論はあまり進んでいませんでした。

そのことに一番頭を悩ませていたのは、委員会の事務局を担当していた五月女《そうとめ》絹枝《きぬえ》氏（当時・東京都福祉保健局）でした。

２００６（平成18）年2月下旬、仕事の締切に追われて残業していた私のところへ、その五月女氏から1本の内線電話がかかってきました。電話の向こうからは、この事業の先行きに不安を感じつつも、なんとか今以上に意義のある事業にしたいという熱い思いが伝わってきたことを覚えています。

すべてのことの始まりでした。

2. 熱い思いのつながり～始まりは五月女氏から～

今振り返ると、「なんとかよい事業に育てたい」という各委員の漠然とした思いだけでは、ＪＨＣ板橋会とコープとうきょうが出会うことはなかったでしょう。日頃から精神障害者の就労モデルを切に望んでいた各委員（行政側）の熱い思いの連鎖があったからこそであり、まさしく人と人とのつながりが次から次と伝播していったという感があります。

その連鎖のきっかけをつくった五月女氏に、当時の思いを振り返っていただきました。

「施設外授産事業は、約1年前から知的障害者施設と製造業の組み合わせですでに実施していて、障害者が福祉施設から企業へ就職するにあたって有効であることはわかっていました。そして、２００６（平成18）年度からこの事業を拡充（1施設から3施設へ）するにあたり、次は精神障害者施設での事例をつくりたいと思っていました。当時、障害者自立支援法が成立し、身体・知的・精神の三障害一体の政策展開が求められていたこともあり、知的障害者でのノウハウを精神障害者に注いでみたいという強い思いがありました。

しかし、当時の私は、身体障害者および知的障害者施設の担当（施設福祉課障害施設係）で、精神障害者に関わる知識や支援ノウハウなどが乏しく、精神障害者施設での事業実施には不安を抱えていました。頼りにすべき推進委員会も当年度中の開催を見込んでいなかったので、どうしようかと悩んでいました。そのようなときに、ハローワークの窓口で障害者と企業のマッチング経験をもち、当時、東京都産業労働局から推進委員に加わっていた佐藤慎也さんを思い出し、受話器を取ったことを覚えています。それをきっかけに、気がつくと、他の委員やオブザーバーがどんどん関わってくれて、予想していた以上のスピードで展開していくことになったのです。私はその勢いに圧倒されつつも、この事業に新しい息吹が吹き込まれたと感じました」

3．熱い思いのつながり～五月女氏から私（佐藤）へ～

1本の電話で五月女氏の熱い思いがつまったバトンが私のところへ巡ってきました。私自身はこの事業に大きく期待していたので、待っていましたとばかりにすぐさま当時勤務していた都庁31階から26階の五月女氏のところへ駆け降り、締切を控えていたやりかけの仕事のことなどすっかり忘れて、この事業に対する熱い思いを語り合いました。

その頃から、障害者の支援の流れには「福祉的就労から一般就労へ」というキャッチフレーズが与えられ、福祉施設の利用者をいかに企業での雇用につなげていくかを求められていました。その実現のため、福祉の現場と企業（雇用）の現場の橋渡し役を担っていたのが、私が当時所属していた東京都産業労働局でした。

当時は、橋渡し役を担っていても、決定打を放てないでいたときに、この施設外授産事業は、「これぞまさしく福祉と雇用の架け橋となる有効な手段だ」と確信できるアイデアでした。とりわけ、精神障害者の雇用率算入（障害者雇用率制度については151頁コラム参照）を翌月（２００６年４月）に控えていたこともあり、ぜひとも、この事業を活用して、精神障害者の就労モデルをつくりたいという思いに重なっていました。日頃から、この事業を必ず成功させたいと強く思っていましたが、その思いがふくらんだのを感じました。

それまで、ハローワークなどを通じて雇用された多くの精神障害者は、偶然に業務内容と本人の特性などがマッチして雇用に結びついたり、たまたま理解がある経営者と出会い、雇用に発展したということがほとんどでした。これから取り組もうとする他の企業に参考となるような事例には、まだまだ自分自身が出合えていませんでした。

もちろんどんなにすばらしい手法でも、その事例を参考とするだけで精神障害者の雇用が一気に進むことなどないことは重々承知していましたが、企業に紹介できる事例をもたない身としては、安定した雇用に結びつく確固たるモデルを、まずは1つつくりたいという気持ちでした。精神障害者の雇

「福祉的就労から一般就労へ」の流れ

政府は 2002（平成 14）年に、2003 ～ 2013（平成 15 ～ 24）年度までの「障害者基本計画」を策定し、あわせて、この計画に基づく諸施策が着実に展開されるよう、前期（15 ～ 19 年度）と後期（20 ～ 24 年度）それぞれに「重点施策実施 5 か年計画」を策定した。

後期 5 か年計画では、雇用・就業の基本方針として、「雇用・就業は、障害者が地域でいきいきと生活していくための重要な柱であり、働くことを希望する障害者が能力を最大限発揮し、就労を通じた社会参加を実現するとともに、職業的自立を図るため、雇用政策に加え、福祉政策や教育政策と連携した支援等を通じて障害者の就労支援のさらなる充実・強化を図る」と定められた。具体的事項として、「福祉施設から一般就労への移行を促進するため、就労移行支援事業所、就労継続支援事業所の計画的整備を行うこと」や「官民一体となった取り組みを推進し、授産施設等で働く障害者の工賃水準を引き上げるため『工賃倍増 5 か年計画』による福祉的就労の底上げを図るとともに、一般雇用への移行を進めること」などが提唱された。このように、福祉的就労から一般就労へつなげていく流れが加速され、年間の一般就労移行者数を 2005（平成 17）年度の 2 千人から 2013（平成 23）年度までに 9 千人に引き上げるという数値目標も設定された。

今回の「施設外授産の活用による就職促進事業」は、ちょうど後期 5 か年計画を検討していた時期に実施された、「福祉的就労から一般就労へ」のモデル事業的な取り組みであった。

（参考：重点施策実施 5 か年計画（後期）
http://www8.cao.go.jp/shougai/suishin/5sinchoku/h19/5year_plan.pdf）

用を進めていくためには、企業側の受け入れ経験と施設側の支援経験の両方が必要であり、まさに施設外授産はこれにうってつけの事業でした。

橋渡しを担当してきた立場からみると、雇用に向けた職場実習は、お願いしている立場の施設の人がさまざまなところで一歩身を引いてしまい、施設側（支援側）と企業側（受け入れ側）が対等になれず、結果的に企業側の要求が優先されることが多いように思えます。そのため、施設側も思い切った支援ができず、支援ノウハウも蓄積され難いといったケースも多いのではないかと感じていました。

その点この事業は、施設と企業が協同で、お互いに対等な立場で取り組むことが可能だと直感しました。対等な立場であるからこそ、互いに率直に意見を交わせるし、よりよい方向性を検討でき、その結果、就労に結びつくとともに、支援ノウハウを蓄積できるであろうと期待がふくらみました（実際にＪＨＣ板橋会とコープとうきょうの今の相思相愛の関係をみれば一目瞭然です）。

しかし、長期にわたる施設外授産事業を成功させるには、職場実習とは異なったさまざまな課題も想定されます。

施設側では、企業の事業の一部を請け負える力が必要であり、利用者（障害者）の一定数の確保はもとより、安定した作業能力の確保が求められます。また、企業側では、障害者への理解はもとより、長期間安定した業務量の確保、いずれ社員として受け入れることを想定した精神障害者に対する社内のサポート体制の構築などが求められます。

この事業を成功させるには、これらの課題を克服できる施設と企業の選択がとても重要であると五月女氏と確認しました。そこで、推進委員でもあり、障害者雇用に関して豊富な経験と知識をもち、またさまざまな関係機関などとネットワークのある東京障害者職業センター・宮崎哲治次長（当時）へ相談をするに至りました。

4．熱い思いのつながり〜五月女氏、私から宮崎氏へ〜

五月女氏と語り合ったその夜、東京障害者職業センターの宮崎哲治氏に相談のメールを送ったところ、これまた宮崎氏もそのような相談を待っていたかのようにすぐに返信があり、翌日、五月女氏と私で東京障害者職業センターの宮崎氏を訪ねることになりました。

この事業の精神障害者への展開には宮崎氏もとても期待していたようで、即座に意気投合しました。当時はまだまだ精神障害者の支援ツールが不足しており、身体障害者や知的障害者に対する支援手法の応用で何とかやっていた状況で、もっと精神障害の特性に合わせた支援ツールの開発が必要と考えていることを熱く語り合いました。

あらためて当時の思いを宮崎氏に尋ねたところ、まるで今でもこの事業に関わっているかの如く、次のように語ってくださいました。

「この事業への協力は、障害者職業センターの役割の一つである『周辺領域との有機的な連携のための関係構築』の一部ではあるけれど、障害者職業センターの本来業務ではありません。しかしながら、今後の障害者雇用、特に雇用率のカウント対象となる見込みであった精神障害者に対する雇用支援に有効な事業として注目していたので、お話を受けたときに協力を申し出た次第です。

この事業が精神障害者に有効と考えたのは、知的障害者での実施実績をみたときに、①事業所内で臨場感のある実践的な取り組み、②グループで当事者同士がお互いに励ましたり、支え合える体制構築、③責任感からオーバーワークになりそうなときに支援者がブレーキをかけやすい、④事業の利用者（当事者）に収入があるというインセンティブがある、⑤施設内で目標立てができたり、実施企業に就職した人をフォローアップしやすい、⑥支援者がついているので企業側がトライしやすい、⑦助成金制度など雇用後の体制整備が強化されていく見込みがある、といったことが予想できたことによります。

ただし、これを成功させるためには、①精神障害者の雇用に前向きに協力できる企業、②グループで働けるだけの仕事量を確保できる企業、③障害者に対する理解だけでなく、企業の立場や納期も意識できる支援者を配置できる施設、④事業を利用している障害者が調子を崩したときに別の適任者を送り込めるマンパワーがある施設、⑤事業利用後の就職活動につなげていくために、単独での事業実施ではなく、関係機関のネットワークを活用し進めていくことの有用性を理解し、実践していける施設と企業、などの施設や企業が実施するための要件を満たす必要がありました。そのような施設と企業探しに、積極的に協力したいという意識が高まっていったことを覚えています」

この時点で私たち3人の思いは、施設と企業の選択ということに集中していました。そこで、特に精神障害者施設の選択に知恵を借りようと、推進委員会にオブザーバー参加をしていた東京都福祉保健局精神保健福祉課（当時）の浅井倫子氏に輪を広げました。

5．熱い思いのつながり〜五月女氏、私、宮崎氏から浅井氏へ〜

早速、浅井氏に施設選択の協力依頼を打診しましたが、期待以上の反応に驚いたことを覚えています。浅井氏は、当時、就労支援の担当で並々ならぬ情熱をもって取り組んでいたのです。精神障害者関連の部署から離れた今でも、当時の思いや、この施設外授産事業にかける熱い思いははっきり記憶しているとのことでした。あらためて次のように語ってくださいました。

「精神障害者の就労支援については、医療中心の展開という歴史的経緯に加え、身体障害者や知的障害者に比べて企業側の疾患・障害への理解が十分でなく、差別偏見も根深い状況です。さらに、障害・症状に波があり、健康管理（危機管理）や再発予防対策といった保健医療的なケアも必要なので、企業での雇用はなかなか進まない状況にありました。また、企業側にとっては（特に大企業では）、在職者のメンタルヘルスの問題のほうが大きな課題で、新たな雇用に目を向ける意欲が薄いという背景もあったと思われます。

個人的には、身体・知的・精神の三障害一体的な政策展開に向けて、まずは、精神障害の特性の理解や、特性に応じた支援方法の開発とその普及が急務であると考えていたところでした。

そのような状況のなか、施設外授産事業は進んでいきました。この事業の推進にあたっては、雇用（労働）分野、福祉分野（おもに身体・知的障害）、保健医療分野（精神障害）の立場の人間が一堂に会し、一つの事業に取り組む体制が取られたことがとても有意義でした。異なる分野の情報・知識を組み合わせることで、効果的な支援方法などが具体化されていったことに加え、『それぞれの分野の意識改革』にまで発展していったことがすばらしかったと思います。

実際、この事業を通じて、保健医療分野の机上の検討では考えられないほど、当事者（精神障害者）や支援者側の意識改革が進んでいきました。それまでも問題意識や意識改革の意欲はもっていたと思うのですが、この事業がきっかけで花開いたという印象を受けました。

この事業が精神障害者の雇用に有効と考えるのは、①精神障害者にとっては作業的な訓練よりも、本人（のもつ疾患）を理解してもらうこと、企業で働くこと自体を体験すること、過去の失敗体験を乗り越えること、などが必要である場合も多いのですが、この事業によって「実際の企業の現場で」「支援者の目が行き届く状態で」就労への一歩を踏み出せることはとても効果的であること、②精神障害者の雇用は難しいと考えている企業にとって、支援者が一緒という心強さを実感できること、③精神障害者雇用については、生活面の支援についても重要であり、「その人」をよく知っている施設（支援者）が就労面と生活面を一体的に支援することの重要性を理解してもらえること、などがあげられます。

そして、この事業の実績の積み重ねを広くお知らせすることで、①精神障害者（の就労支援）に対する理解が深まる→②精神障害者の就労支援に対する機運が高まり制度が充実する→③精神障害者の地域生活に向けた包括的な支援体制の一助となる、といった流れができるのではと期待していました。その波及効果を考えれば、この事業はやはり大企業の協力を得たいという強い思いをもちました」

6．4人の熱い思いを形に

企業のニーズに応える障害者雇用の戦略展開という視点からも、まずは企業選択を先に行おうということになり、4人の思いを整理して、①障害者雇用に真摯に取り組んでいる大企業、②精神障害者の雇用実績はなくても、単一障害の雇用だけでなくさまざまな障害者を雇用している企業、③精神障害者のグループ就労を念頭において、集団で働くことができる職務を切り出せる企業、などの要件で探すことにしました。

グループ就労（モデル事業）

2001（平成13）年度から実施されたこの事業は、当初は全国3か所でモデル事業としてスタートした。本書第4部第2章に登場する「いなげや」はそのうちの1つ。少人数（5人まで）のグループで、指導員の支援のもと、企業内での実習を受けることにより、常用雇用への移行を目指す。訓練担当者と協力事業主に対して能力開発助成金が支給される。

企業の選択にあたり、企業情報に精通しているハローワークや、障害者職業センター・カウンセラーなどからも情報収集を行ったところ、ハローワークから「コープとうきょう」の名前があがりました。前述の①～③の要件を満たしているうえ、障害者職業センターにおいても高次脳機能障害者の職場復帰支援の試行的な取り組みを連携して行っていました。また、コープの設立の趣旨から「協働」を目指していたりと、まったく申し分のない企業だろうと思われました。そこで、高次脳機能障害者の職場復帰支援で直接関わっていた東京障害者職業センターの稲田憲弘カウンセラー（当時）を交えて、宮崎氏、私の3人でコープとうきょうを訪ねたのです。

はじめてコープとうきょうの渡邉秀昭氏とお会いし、施設外授産事業の実施について相談したわけですが、下調べしたとおり、すべての要件を満たし、施設外授産事業を実施するにふさわしい企業であることに確信がもてました。面談が無事終わって、ホッとするとともに、これから始まるであろう事業にさらに大きく期待をふくらませたことを覚えています。そのときの打ち合わせなどの詳細な様子は、次章の渡邉氏に譲ることにいたします。

さて、その相談の中で、業務量や東京障害者職業センターからのアクセスなどを勘案し、渡邉氏からこの事業の実施場所として「板橋センター」が候補にあがりました。

そこで、今度は施設の選択となったわけです。①板橋センターへのアクセス、②障害者就業・生活センターを運営していること、③精神障害者に対する就労支援実績では都内随一であること、④職業センターとの連携についてもジョブコーチ事業等で非常に密接であること、などの理由からＪＨＣ板橋会が第一候補にあがりました。早速、コープとうきょうを訪ねた翌日に、私がＪＨＣ板橋会を訪問のうえ、事業説明をし理解を求めたところ、すぐに前向きな返事を得ることができました。

その後、ＪＨＣ板橋会とコープとうきょう双方でも打ち合わせを行い、正式にＪＨＣ板橋会が施設外授産事業の受託事業者として応募するに至り、事業者選定委員会の選考を経て、晴れてＪＨＣ板橋会とコープとうきょうのコラボレーションがここに始まりました。

それは、２００６（平成18）年４月初旬のこと、五月女氏の１本の内線電話からわずか１か月後のことでした。

7．ＪＨＣ板橋会とコープとうきょうのコラボレーションの今後について

「施設外授産の活用による就職促進事業」は、行政から補助金（支援者の人件費等）が支払われる事業であり、このような事業はいずれ補助金が打ち切られることも多く、補助金がなくなったその後の事業継続についてては、前出の４人もとても気にかかるところでした。それが、２００９（平成21）年度に入っても継続していることを聞き、一同にホッと胸をなで下ろしたところです。そのうれしい思いや今後への期待について、あらためて前出の４人（私を含め）のコメントを紹介します。

五月女氏「ＪＨＣ板橋会主催で行われた事業発表会に参加した際に、この事業を経て企業へ就職した利用者（精神障害者）の話を聞いて、この事業に関われたことを本当にうれしく思いました。この

ようなすばらしい事業が補助金の打ち切りにより終了してしまうことを避けるため、その後の継続について推進委員会で検討を始めようとした矢先、事業開始後1年半が経った２００７（平成19）年10月、プロデュース道が障害者自立支援法に基づくサービスへ移行したことに伴い補助事業の対象外となり、突然補助金が打ち切られることになってしまいました。このような突然の報にもかかわらずＪＨＣ板橋会は動じませんでした。人件費の負担など経費的にはきびしくなったとはいえ、精神障害者の就労支援の有効なツールとして、今なお大事にしていただいていることは、元・事業担当者としてこのうえない幸せです」

宮崎氏「はじめてＪＨＣ板橋会とコープとうきょうがこの事業の打ち合わせを行った際、渡邉さんが、この事業の契約を締結するにあたっては、ＪＨＣ板橋会には委託した業務を継続してもらえるよう責任をもってもらいたいし、お互いに補助金がなくても継続できるよう取り組める条件を結ばなければ道半ばで挫折するという趣旨の話をされて、すでにこの時点で、補助金が終了したあとも見越した事業展開を考えていることがわかっていました。

実際に初回の契約を交わす段階でも、お互いを理解しようとする姿勢、相手の立場になって考えていこうとする意識であったので、あとでこの気持ちが変化しないことを祈っていました。が、そのようなことは杞憂に過ぎず、事業を進めるなかで、さらにお互いの理解が深まっていったのだと思います。そのため、補助金の有無に関係なく〝障害者のために〟〝雇用の実績づくりのために〟〝社会貢献を目指して〟などの姿勢をもち続けながら、お互いの立場を尊重した関係を形成できたのだと思います。その結果が、すばらしい成果をあげることにつながっているのだと感服しています」

浅井氏「個人的には、ＪＨＣ板橋会が開催した事業発表会がとても印象深く残っています。一時的に〝失敗〟した部分も含めて、当事者たちが自分の体験を伝えていくことの影響は、どんな講義やセミナーよりも大きいと感じました。そのような発表会などで、さまざまな段階（トライ開始・１か月目・３か月目・他制度の活用・一般就労等）での体験を発信できることが、継続していることの強みであると思います。

精神障害者の就労の場合、〝就職〟に加え、〝就労継続〟〝定着〟〝休職〟〝復職〟が重要であると同時に大きな課題でもあり、このコラボレーションが継続していることから得られるヒントはたくさんあると思われます。ぜひ、段階的な支援の視点の紹介を含め、支援者からのさらなる情報発信を期待したいところです。当事者だけでなく、支援者もより多くの〝成功体験〟を望んでいると思います。

本当に大切なのは、１施設・１企業での成功という事実ではなく、それを世間に広め、より多くの人に知ってもらうことだと思います」

最後になりましたが、私からあえてこの事業の反省点をあげるとすれば、この事業が他の施設、企業に波及していないことだと思います。たしかに補助金は打ち切りになり、この事業は行政の手を離れてしまったという見方もできるかもしれません。しかし、浅井氏が言うとおり、この事業の本当の成功というのは、第２・第３のＪＨＣ板橋会やコープとうきょうが出てきてはじめて語れることですし、補助金の有無に関係なく、そこまで関わり、支援していくことが行政の役割だと考えます。

関係する行政の人々があらためて知恵を出し合い、まさに人と人とのつながりによって新たな事例をつくることが私たち行政に課せられた使命であると認識し、今後も取り組んでまいりたいと思います。

第3章　コープとうきょうの取り組み

コープとうきょう専務補佐　渡邉　秀昭

1.「施設外授産事業」受け入れの経緯

２００６（平成18）年3月、東京都が行う「施設外授産事業（施設外授産の活用による就職促進事業）」のお話を独立行政法人高齢・障害者雇用支援機構（以下、機構）東京障害者職業センターの宮崎さんからいただいたことが、コープとうきょうがこの事業に取り組む始まりでした。宮崎さんには私どもの中途障害者のリハビリと職場復帰の取り組みの中でいろいろと援助していただいた経緯があり、「断る理由がなかった」というのが率直なところでした。その事業がどんなものか、せっかくのご指名でもあるし生来の好奇心からお受けした次第でした。

中途障害者の職場復帰支援は難しいことで、休職中や休職明けからのリハビリ、復職の可否判断、状況によっては退職や企業内の資格等級格付けの見直しなど非常に微妙な判断と対応に迫られる場合があります。復職に向けて、可能な限り配慮していくことと雇用契約そのものをどうしていくのかを、判断しなければならない場合があります。ここが大変難しいところです。疾病や事故による中途障害の発生やメンタル不全者の増加など、どこの企業も大変苦労しています。企業は、地域の障害者を積極的に雇用していくことと併せて、これらへの対応を進めていかなければならないのです。この内と外の取り組み課題が一つのものとして、融合もしくは関連させて取り組めないかと考えています。どちらも同じ人間の話なのですから。そのようなわけで宮崎さんに支援いただきながら、企業としての立場からこちらの意思もはっきりお伝えし、報告しながら対応いたしました。そんなやり取りを通じての関係づくりの中で、今回の施設外授産事業の提案をいただいたのだと考えています。

コープとうきょうは、以前から障害者雇用の法定雇用率は達成してきました。「２００８年度障害者雇用優良事業所等表彰」において「理事長賞」を受賞し、今年は、東京都教育委員会からも障害者雇用について表彰状をいただきました。障害者の採用経路は、おもに養護学校（現在は特別支援学校）、地域の社会福祉法人や新宿と池袋などハローワークからの職場実習依頼を通じてです。行政とのおつき合いが広がるなかでお話をいただく機会も増えてきています。実習を行った事業所長の評価を経て、「この人は職場の力になれそう」とのジャッジがあれば雇用となります。地域の社会福祉法人から雇用の依頼があって、実際にその施設を訪問し、いろいろ教えていただいて雇用につながった経験もあります。

企業としては、雇用後に何か問題が発生したときが大変です。採用するということは、労働契約を締結するということです。特に、日本の労働基準法は労働者保護の性格が強く、「解雇は、客観的合理的理由を欠き、社会通念相当であると認められない場合は、その権利を濫用したものとして無効とする」ということが労働契約法で法定化されていて解雇は大変ハードルが高いのです。障害者雇用促進については入り口を広くするべきですが、どうしても雇用継続が難しいときには、第三者が調整するような柔軟なしくみ、「社会的相当性」から意見を言ってもらえるようなしくみがあるとよいと思います。この点ではトライアル雇用制度は大変よい制度だと思いますが、少々手続きが煩雑です。助成金もよいと思うのですが、雇用した後のサポート、あるいは雇用に関する調整機能を行政が整えるなど、「雇用継続支援システム」の拡充もお願いしたいところです。

ヤマト運輸の小倉昌男さんの著者『福祉を変える経営』（日経ＢＰ）にあった、障害者の労働と収入のあり方、施設や作業所のあり方についての発言には共感しました。そのなかで「企業は5％の障害者雇用率を達成すべき」との発言があり、そのことが頭の中に残っていました。法定雇用率1・8％確保ではダメで、なんとか5％にチャレンジしたいものだと今も考えています。日本と同じ雇用率制度を運用しているドイツなどは、法定雇用率5～6％だそうです。北欧のような福祉政策でいくのか、アメリカのような差別禁止法を考えていくのか方法はさまざまです。雇用率制度は雇用割当制度ですが、それにリンクして納付金制度がセットされていま

トライアル雇用（障害者試行雇用）

障害者に関する知識や雇用した経験がなくて障害者雇用をためらっている企業が、3か月間の期間限定で試行的な受け入れを行う制度。受け入れ側の不安をなくし障害者と事業主の相互理解を深め、その後の常用雇用を目指していく。

す。いわばアメとムチの組み合わせで、納付金を納めれば障害者雇用義務は免除されるととられかねません。企業が社会的な責任を果たしていく課題の一つとして、きちんと雇用していくことが求められます。そのようなこともあっての施設外授産事業の受託でした。

それにしても、「そもそも授産ってなんのことだろう」「あれこれ悩むより、まずはお引き受けしよう。社会貢献にもなることだし、やれるだけやってみよう。案ずるより産むが易し」こんな感じで受託したのでした。正直、うまく取り組めるのか、そもそもスタートできるのかそんな手探り状態からの出発でした。

そして、この事業を受けることにしたもう一つの理由があります。常々考えていることですが、職場に障害者を迎えることによって、職場風土が変わるという「ご利益《りやく》」です。やさしくなったり、励まし合ったり、助け合ったり、人間として当たり前のことを当たり前にやれるようになる。そんなふうに考えています。上司のマネジメントの仕方、人間の見方が変わる、と。ですから、障害者はもっと社会に出て当たり前に働く一員になるべきです。働ける人は働いたほうが、社会は価値が増える。誤解をされては困るのですが、まず働くことが大前提、そのうえで、社会保障や生活保護で補っていく。そんな構造にしたらいいと思います。そういう社会の了解をとっていく。就労を基本にして、それを補う保障という関係にしていくことが今後の方向ではないかと思います。保障や保護施策が優先ではなく、まず、働く。自己責任が先、行政も地域も企業もそのことを考えて、障害者が当たり前に働いていく社会づくりに責任を果たすべきです。

今は高校まで進学するため、特別支援学校もたくさんできています。でも、普通に健常者と同じ学校に通うあり方のほうが、私は望ましいのではないかと考えています。いずれ社会に出て社会の一員として働くことを考えるなら、最初から学校も分けないで一緒でよいのではないかと思います。特別支援学校からの職場実習の受け入れで感じることですが、障害者を企業に送り出す前に、人とのコミュニケーションや働くことの意味、働くことの最低限のルールや責任、こんなことを可能な限り、準備しておくべきです。

先生方も企業に出て行って、職場実習されるといいでしょう。職場実習依頼には来られるし、職場見学はされますが、職場実習まで自分自身で実行する進路指導の先生はいません。それが、私にはちょっと不思議です。行政が先生方の職場実習を企画すれば、雇用のミスマッチも減るのではないでしょうか。企業の採用担当者ももちろん見学に行くようにする。特別支援学校は、もちろん、障害の種類や程度がいろいろあるからこそ現在の施策になっているのでしょうが、いろいろな立場を前提に、相互理解を進めていくことが大事だと思います。

2. ＪＨＣ板橋会や行政とのコラボレーション、パートナーの始まり

まずは、「施設外授産事業」に関わる方々との顔合わせです。東京労働局、東京障害者職業センター、東京都産業労働局、そして事務局の東京都福祉保健局の方々。さまざまな組織と部局があり、

正直いって面食らいます。以前は、厚生省と労働省で分かれていたのだから、統合して効率的に変わったのだと思います。

今回の事業目的は、「本事業は、身体障害者授産施設、知的障害者授産施設又は精神障害者授産施設（以下、「授産施設」という）に入所（通所を含む。以下同じ）する者が、授産施設に作業を発注する企業等（以下、「委託企業」という）の事業所において授産活動を行うとともに、授産活動終了後に公共職業安定所等が職業相談、個別求人開拓、職場定着の支援を行うこと等により、授産施設から一般就労への移行の促進を図ることを目的とする」とあり、実施主体は東京都、そして「東京都が社会福祉法人等に委託して実施するもの」となっています。コープとうきょうは作業を発注する企業（委託企業）となり、ＪＨＣ板橋会に業務を委託し、委託料を支払う。そうなると何を発注するのか、発注した仕事の成果物に対していくら支払うのか、それらをどう契約書に反映させるのか、これらが実務課題となりました。

委託する作業の切り出しと契約書づくり、相互の役割分担、やるべきこととやってはいけないことの区分、連携の仕方が事業をスタートさせるうえでの課題でした。当時は偽装請負などの話題も豊富でしたので、職業安定法などにも留意して契約しました。業務委託だからＪＨＣ板橋会から作業指導員（施設外指導員）が来ます。コープとうきょうは作業指揮をしない。この指導員養成がＪＨＣ板橋会のご苦労であったと思いますが、見事にやり遂げました。作業を理解するために使用する備品などを貸してほしいと言われ、実際にその備品や配達容器を使って施設外指導員を養成したと聞き、その熱意に感心しました。

ＪＨＣ板橋会とはそこからのおつき合いでしたが、あれから早3年が経過し4年目に入っています。行政やＪＨＣ板橋会の方々の人間性にふれ、コミュニケーションをとり、協働作業を通じてお互いの信頼のパートナーシップを築けてきたと思います。立場の違いはあるけれど、誠実に役割と責任を分担し合う関係づくりができているかなと思っています。それぞれの立場を認め合う協働体制づくりが何よりも重要ではないでしょうか。

今回の取り組みは、①企業の中で、②実際の業務を職場のいろいろな人たちと一緒に、③実務のきびしさと価値ある行動を通じて、④グループで助け合いながら「福祉的就労」を行っていることが一般就労を準備するために有効だと考えています。ぜひとも今後も、広めていってほしい仕組みだと考えていますし、他の事業所でも同様の取り組みを行いたいと考えています。

今後の障害者雇用促進は、企業・行政・地域、あるいは特別支援学校との連携プレーがポイントです。行政も、社会福祉法人も、特別支援学校の先生方も、企業のそれぞれ違いのある業種の仕事の特性を自らの目で見ていただきたいし、企業は障害者一人ひとりと向き合って就労対応していかなければ、障害者雇用率はいつまでたっても全体として未達成状態から抜け出せないのではないでしょうか。

企業は、働くうえでのミニマムレベルを満たせば可能な限り職場に迎え入れる、送り出す側はそのミニマムレベルを把握して障害者を企業に送り出す。行政はそのことをフォローし、就労定着支援を行う。ジョブコーチ制度は、障害者就労支援に大変有効です。昨年も職場実習を経験した人が1人、コープとうきょうに就職しました。しかし、実習のときと実際の仕事は違ったためか、うまくいきませんでした。事業所からも続けていけるか心配との発信があり、ジョブコーチ支援をお願いしました。これがうまくいって、今は元気に明るく働いています。専門家のきめ細かい支援はたいしたものです。企業内のジョブコーチ育成講座を行政で企画していただくことも有効でしょう。余談ですが、この方は余暇にコーラスをやっていて発表会に招待してくれることになっています。

3．コープとうきょう板橋センター社員の受けとめ、調整など

(1) コープとうきょう板橋センターの仕事

では、障害のある人たちがどのような仕事を行っているかを紹介します。

コープとうきょうは宅配と店舗事業を行っています。生協の宅配は「コープデリ」と言います。カタログと注文書が組合員の自宅に届き、注文すると次の週に食料品や日用雑貨品などの商品が届きます。インターネットでも注文できます。今、都内で120万人がコープとうきょうに加入し、毎週30万人以上がコープデリを利用しています。今回の施設外授産事業を行っているコープとうきょう板橋センターからも1万6千人の組合員に毎週商品を届けています。

物流センターから個人別にセットされ、配達ボックスに入れられた商品が納品され、配達ボックスに入らない大きな商品などは一括納品されて、コープとうきょう板橋センターで配達トラック別に仕

分けして配送します。この一部商品、具体的には飲料・トイレットペーパー・オムツ・ビールなどの仕分け作業を、ＪＨＣ板橋会に業務委託しています。この仕分け作業をミスしてしまうと、配達トラックはお届け先とは別の地域に行ってしまうので、商品をお届けできなくなってしまいます。ミスゼロが大前提の仕事です。

(2) 職場の社員の受けとめ

コープとうきょう板橋センターの社員には、事業所長から今回の事業の概要や目的などを説明しました。最初はどう対応すればよいのか、挨拶はどうしようなど、いろいろあったと思います。考えてみれば、企業の中にもメンタル不全になったり、その後の職場復帰に取り組んでいる社員もいるわけで、何も特別なことではありません。今では、コープとうきょう板橋センターの社員と施設外授産のメンバーとは、仕事の範囲は違いますが、連携してよきパートナーとして協力しながら仕事をしています。

委託ではあっても、事業所内では協力や調整が日常的に発生します。当初は、直雇用の体制が乱れたり、作業ボリュームが増大して作業負荷が大きくなり、ＪＨＣ板橋会に過重な負担をかけてしまいました。お互いに甘えや遠慮もあったりしましたが、今は、毎月調整会議を行い、進捗状況や利用者の状況を確認しています。ＪＨＣ板橋会には精神分野の専門スタッフもいるので、学ぶこともたくさんあります。信頼できる頼もしいパートナーとなっています。

昨年は、特別支援学校の生徒の親が、卒業生が就労している事業所の見学会を行い、働く現場を見てもらい、事業所長と意見交換をしました。ＰＴＡ会報を通じてどのように感じたのか、受けとめられたのかを知り、参考になりました。「家庭でも挨拶や時間の使い方など気をつけて身につけさせたい」「家で手をかけ過ぎないことが必要と感じました」「体力・気力・集中力が必要と感じ、ハードルが高いと思いました」。こんな感想が親から出されました。

また、先日は板橋区の企画で就労現場の見学会がありました。今回の事業の横への広がりといえます。東京都のこの事業は残念ながら1年半で終了となりましたが、ＪＨＣ板橋会と、行政の支援がなくても自前で継続できないか考えました。せっかく成果が出てきているこの事業を、このまま終らせるわけにはいかない、なんとかしたいと思い、業務委託契約を見直し、コープとうきょうからの委託料も見直しして新たな契約で事業を継続させることができました。

4．コープとうきょうはこの事業をどのようにとらえたか

(1) コープの理念とビジョン

コープとうきょうが加入するコープネット事業連合では、1都7県の生活協同組合が同じ理念とビジョンを掲げています。その理念は、数十年変わらない、生協の存在意義・存在理由・使命です。それに対して、ビジョンは、5年後10年後のありたい姿を具体的な言葉で表したものです。

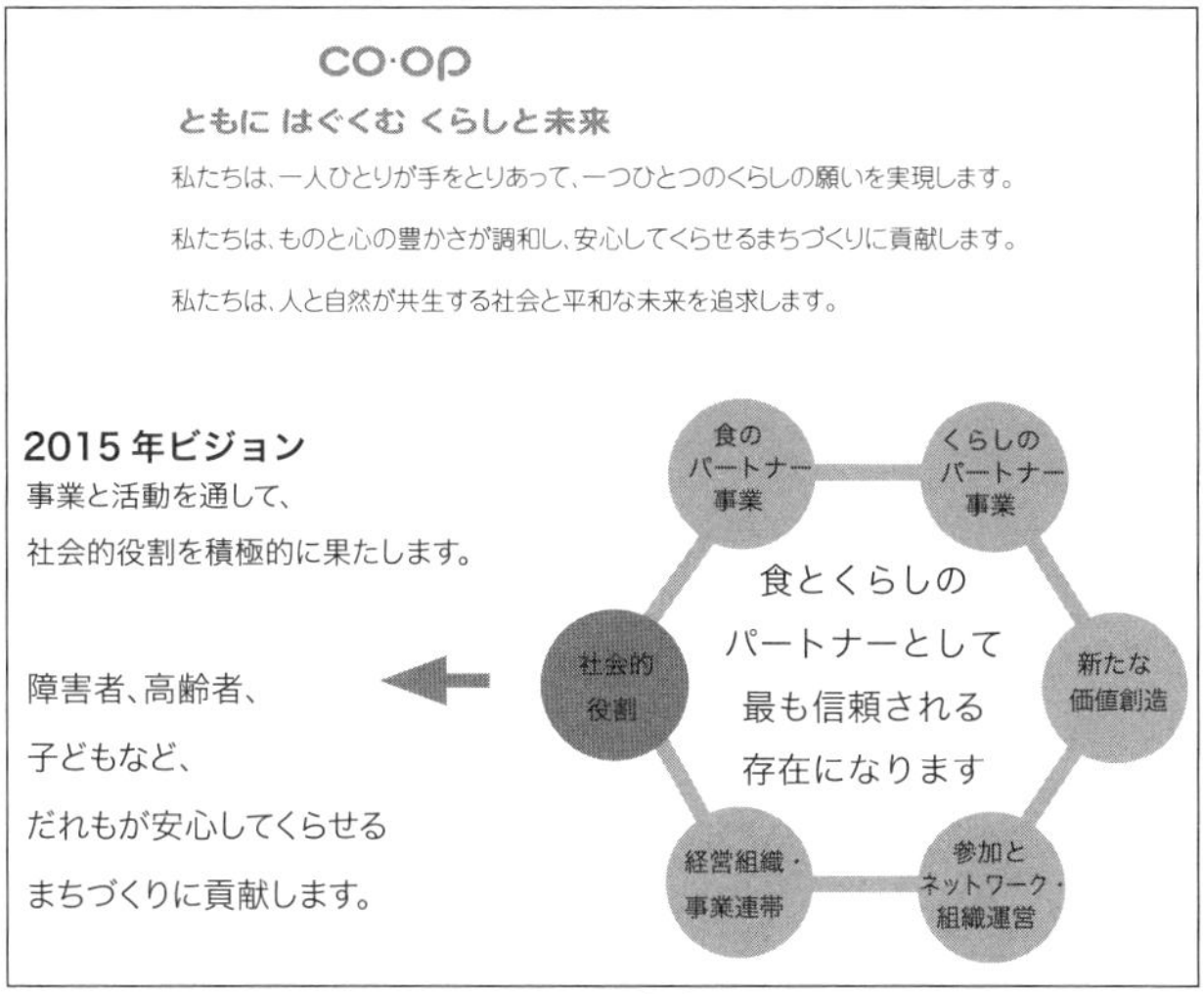
co·op
ともに はぐくむ くらしと未来
私たちは、一人ひとりが手をとりあって、一つひとつのくらしの願いを実現します。
私たちは、ものと心の豊かさが調和し、安心してくらせるまちづくりに貢献します。
私たちは、人と自然が共生する社会と平和な未来を追求します。
2015年ビジョン
事業と活動を通して、
社会的役割を積極的に果たします。
障害者、高齢者、
子どもなど、
だれもが安心してくらせる
まちづくりに貢献します。
食の パートナー 事業
くらしの パートナー 事業
新たな 価値創造
参加と ネットワーク・ 組織運営
経営組織・ 事業連帯
社会的 役割
食とくらしの
パートナーとして
最も信頼される
存在になります
図1　コープとうきょうの理念とビジョン

理念にある「ともにはぐくむ　くらしと未来」には、「豊かにくらしたい」「安心してくらしたい」という一人ひとりの願いを大切にし、地球を守り、人間を尊重し、生命を慈しみながら、よりよいくらしと未来を創造していく決意を込めています。「事業と活動を通じて社会的役割を積極的に果たし、だれもが安心してくらせるまちづくりに貢献します」とあります。

企業が障害者雇用を促進するためには、企業のトップ方針にそのことを位置づけることが重要で、障害者雇用担当者はそれがあると黄門様の紋所と同じで仕事がやりやすくなります。理念・ビジョンに基づいて中期計画をつくり、毎年の事業計画をつくります。毎年の事業計画には、必ず障害者雇用促進を掲げています。今回の事業もこの位置づけの中での取り組みでした。毎年の事業経営報告の中に、障害者雇用人数を報告しています。法定雇用率未達成で納付金を支払ったことで株主代表訴訟を起こされた企業もあるわけですから、企業の法務リスク上もきちんと取り組むべき課題です。

（2）CSR課題

日本における労働分野のCSR課題は、法令順守の社員教育、環境、内部通報システムなどがあげられていますが、とりわけ労働の質に関わる課題の上位にあげられているものは、①65歳に向けた雇用延長、②社員の健康・メンタルヘルスの管理改善、③障害者雇用の充実となっています。障害者雇用の促進は今後の企業のあり方、ひいては日本社会のあり方を検討するなかで、より具体的アクションプランを設定し、取り組んでいくチャンスでもあります。現実の障害者雇用は、「堅実に」の状況で、厚生労働省がまとめた調査集計でも、２００９年度（平成21年度）６月現在の一般民間企業（規模56人以上）で、実雇用率１・６３％（前年１・５９％）でした。法定雇用率達成企業の割合も45・５％（前年44・９％）でした。今年も、法定雇用率達成で改善がみられない企業名が公表されましたが、それによってどれほどの効果があるものかわかりません。雇用率をアップさせるための職場環境改善のための助成金支給は、財源となる法定雇用率未達企業が収める納付金が存在しないと成り立たないという構造は、「納付金を支払えば雇用しなくてもよい」という解釈を生むとの指摘もあります。この分野の国際的な状況について、①雇用率施策、②就業機会均等を保障する差別禁止法を軸とする施策など比較検討も必要なのではないでしょうか。あわせて、企業内の健康とメンタルヘルス管理のあり方と障害者雇用、とりわけ精神障害者を職場に受け入れることは、福祉的就労から一般就労への切り換えの考え方とも関連して、共通する課題を含んでいると考えています。企業の内側で発生するメンタル不全への対処と発生抑制の取り組みを通じて、精神障害への認識も深まると思います。

2005（平成17）年の連合総研の調査によると、日本の企業はCSRと企業経営との関連性について、①「経営がうまくいっていてはじめて、企業の社会的責任を果たすことができる」と回答したものが15・8％、②「経営がうまくいくことと企業の社会的責任を果たすことは同等の重みをもつ」58・7％、③「企業の社会的責任を果たしてはじめて経営もうまくいく」23・3％、と回答しています。現在の経済危機の中で様相は変化していると思いますが、企業の社会的責任の実現を企業経営より優先させるべき、あるいは同じように重要なこととする認識は、着実に広がっていると思います。かつて、近江商人は人々の信頼を得ることを何より大切にし、売り手よし、買い手よし、世間よしの「三方よし」を心得としました。商売は、当事者だけでなく、世間のためにもなるものでなければならない。これは今でいう社会的責任経営のことだと思います。

(3) 障害者雇用促進法への対応

採用の自由は、使用者が有する契約自由の根幹です。採用の自由は、（イ）雇い入れ人数決定の自由、（ロ）募集方法の自由、（ハ）選択の自由、に具体化できます。労働者選択の自由がありますから、どのような人をどのような基準で採用するかは企業によって異なります。将来の業績を左右する優秀な人を採用しようと、どの企業も苦労しています。健康で体力があって、やる気があって、明るくて頭もよい、こんな人を採用できれば申し分ないのですが、実際の応募者にはさまざまな個性もあり、採用担当者は苦労することになります。この選択の自由にいくつかの規制があり、その一つが障害者雇用促進法です。企業は労働者採用にあたってこの選択の自由を一定限度で制限され、事業主は社会連帯の理念から決められた法定雇用率に達成する人数まで障害者を雇用しなさいと、しているわけです。この法定雇用率達成を企業の経営報告と経営計画にきちんと位置づけ、社会的チェックを受けるようにしていくべきでしょう。この社会的責任を果たさない企業は、「世間よし」とならないから評判が低下するということです。

（４）コープとうきょうの障害者雇用方針

コープとうきょうの障害者雇用基本方針について説明します。①社会的責任として、②可能なかぎり雇用を拡大する、③原則として対応は健常者と同じ、④職場の中で理解を広げる。障害者雇用推進者が全体の司令塔となり、障害者生活相談員養成講習には毎年参加して相談員を増やしていく。採用判断は、①健康で通勤可能、②挨拶ができる、意思疎通・コミュニケーションがとれ、③清潔である、④働く意欲、目的があることです。そして、採用する側は「レッテルを貼らない」ことが大事です。人は仕事の中で成長するという認識が必要です。労働契約は法定雇用率が頭にあるから、どうしても長時間契約・社会保険加入を目指しますが、実際は、段階的に就労時間を増やしていくなども必要になります。短時間就労が雇用率算定基礎に入る改正障害者雇用促進法は、柔軟な働き方の選択という点でよいことだと思います。

障害者雇用は、ほとんどがパート職員契約・アルバイト職員契約になっています。事業所採用・異動なしで職住接近となっています。生協の場合、分散事業所なので1か所に多数を雇用することができないし、また、仕事を集めて一括して就業してもらうことができない流通業も同じです。障害者雇用の難しい事情の一つになっています。

コープとうきょうで雇用している障害者の平均年齢は30・5歳、平均勤続が9年7か月になっており、50歳代が4人、40歳代が9人います。今後、加齢に伴う体力の低下などへの対応が課題となり、退職後あるいは親亡きあとの生活支援などの施策と行政主導の地域ネットワークづくりが欠かせないものとなるでしょう。

(5) メンタルヘルス対策

社会経済生産性本部が2004（平成16）年に行った調査によると、6割の企業が企業内での「心の病」が増加していると答えています。また、7割弱の企業が、心の病による1か月以上の休職者がいると回答しています。自殺者も急増し、1998（平成10）年以降2007（平成19）年まで連続して3万人を超えています。自殺の原因は多様で複雑ですが、自殺直前に精神健康面の不調や心の病がみられるそうです。企業間競争の激化、年功制の崩壊と成果主義の導入など急速な構造的変化に伴う労働環境の変化、労働負荷の質的量的な増加など、ストレス要因の増加がその原因として指摘され、精神障害の労災申請や認定も増加しています。今や、メンタルヘルス管理は、企業の重要課題の一つになっています。

企業の障害者雇用の関係でいうと、企業内でメンタル不全者が発生し、ただでさえ休職や復職などをめぐって人事労務担当者は苦労しているのに、なぜ外部から新たに精神障害者を迎え入れるのかとの疑問もわくでしょう。復職に際して、主治医はクライアント側に立ちますから、本人や家族の意向が反映したいろいろな診断書が提出され、人事労務担当者はその対応に苦労します。早期発見、従業員からの相談対応体制づくり、産業保健スタッフの体制確保と職場や産業医との連携、職場復帰支援、従業員への教育など課題は山積みです。早めに適切な治療が行われれば短期間に職場復帰できますが、早期対応が遅れると、再燃・再発を繰り返してしまうこともあります。

誰でも日によって気分がすぐれないことはあるものです。ＪＨＣ板橋会では「気分調べのシート」（107頁参照）というさまざまな表情がイラストになっていて、「今日はこんな感じ」と自己認識できるシートをつくっていました。部下の気分調べを通じてマネジメントができて、人を責める言動が減らせればメンタル不全の発症が少しは予防され、また、早期に医療につなげるマネジメントができるのではないでしょうか。このような点を含めて、今回の事業を通じて、ＪＨＣ板橋会から学ばせていただくことはたくさんありました。

（6）地域・行政との連携・相互理解

以前から、コープとうきょうの障害者雇用率は、法定雇用率を上回っていました。おもに、養護学校（現在は特別支援学校）からの職場実習依頼を受け、「職員として仕事ができそうか、経験を積み重ねれば戦力になれるか」を事業所の長がジャッジして、合格ならば卒業後に採用となります。事業所長が判断に迷って相談してくる場合もありますが、そのときは話を聞いたうえで「なんとかなるんじゃないか」と、これまでは採用の方向で話してきました。働く機会と経験は、人に成長と変化をもたらすものです。この作用はものすごいものです。進路指導の先生の推薦もあるわけですし、まずはこれで「問題なし」とするのが経験則といえます。よいことなのだから「大雑把に、前向きに」というわけです。

私が最初に人事の仕事に携わった頃、熱心な養護学校の先生が訪ねて来られました。いろいろお話して、「では、一度学校の現場を見せてください」とお願いして、中野養護学校を見学したことがあります。軽度から重度の生徒まで先生方のご苦労もさぞかし大変だろうと感じました。事業所長にもぜひ見学させてもらえたらマネジメントが変わるんじゃないかと考えたのですが、残念ながらまだ実現していません。

事業所に障害者を迎え入れることで、「職場の風土が変わる。人間の見方が深まる。したがってマネジメントの質が変わる」、これが私の持論です。「企業は人」とよく言われますが、その人というものがそもそも大変難しいものです。同じ人は一人としていないし、それぞれが自分の個性をもっている。感じ方も違います。そして、言うまでもなく一人ひとりがかけがえのない人であること。「障害者」という人はいないのであって、レッテルを貼って決めつけてはいけません。一人ひとりがその人だけの個性をもった人と考えたら、生身の人をマネジメントする中身が変わってくると考えています。

私の近所に作業所に通う青年がいて、よく一緒に駅まで話しながら出勤したことがあります。毎日の作業のことを楽しそうにいろいろ話してくれました。音楽が好きで誰がお気に入りだとか、好きな女の子の名前を教えてくれたり、今は通勤経路が変わってたまにしか会えなくなりましたが、私の楽しみでもありました。彼が一般就労にチャレンジする機会は訪れるのだろうかと心配です。

5．おわりに～新たなチャレンジ～

現在、コープとうきょう板橋センターでは、障害者と健常者が同じ職場で同じ職場のルールの中で一緒に仕事を行っています。知的障害者もメンタル不全でリハビリ就業中の社員も、健常者も一緒に働いています。このことが、障害者本人の生きがいや成長にとって大きな意味をもっているのだと思います。また、健常者にもさまざまな影響を与えていると思います。障害者にとって「特別な者だけが集まる」場所ではなく、普通に、社会の中で交じって働くことに大きな意味があると考えています。精神障害者も知的障害者も、それぞれの役割を担って仕事をしているのです。

そして、新たに時間はかかるけれども、労働契約にチャレンジしていく障害者がいるのです。今回の事業を通じて、一般就労に移行した精神障害者が８人になります。このような事業を別の事業所でもできないだろうかと思います。行政の支援も得て新たな展開ができれば、この事業は次の広がりをもつことになります。ノウハウはできましたから、よきパートナーが見つかれば可能なのです。この事業を普遍化できる仕組みを行政側でつくれないか、そんなことも考えています。

ＩＬＯが提唱するディーセントワーク「人として尊厳に根ざした価値ある労働」の実現は、すべての人にとって働きやすい、暮らしやすい社会の実現につながるのではないでしょうか。障害者と健常者が同じ職場で同じ労働条件で働くことこそ、障害者と健常者がともに成長し、働いて暮らしていく最高のあり方ではないでしょうか。厚生労働省職業安定局監修の『障害者雇用ハンドブック』に「障害者が適切な職業に就き、その能力を十分に発揮することができるならば、それは単に障害者自身の幸福にとどまるものではなく、障害者が能力を発揮することにより障害者を雇用する企業、さらには社会全体が利益を享受することになります」と書かれています。障害者と健常者が一緒に働くあり方は、すべての人間、すべての働く人たちのあるべき姿に近づくものではないでしょうか。

ディーセントワーク（Decent Work）

ILO（国連労働機関）のディーセントワーク（働きがいのある人間らしい仕事）とは、収入のためだけではなく、労働者本人と家族に保障をもたらし、人々の基本的な願望を満たす仕事で、差別や嫌がらせがなく、すべての男女が平等に処遇される仕事を意味する。

第3部

コープとうきょうでの職場体験実習の実践

第1章　コープとうきょう板橋センターでの職場体験実習の実践

ＪＨＣ板橋会　社会就労センタープロデュース道　**佐藤　優子**

1. 障害者自立支援法（就労移行支援事業）への事業移行への自信

２００７（平成19）年10月1日、社会就労センター「プロデュース道」は施設設置の根拠となる制度を、障害者自立支援法に基づく障害福祉サービス（就労移行支援事業）に移行しました（定員20人・単独型）。社会福祉法人ＪＨＣ板橋会設立の１９９７（平成９）年当初から、プロデュース道は一般就労に就きたいと願う精神障害をもつ人たちへの支援を試みてきましたが「コープとうきょう」との共同事業を実践し、効果的なトレーニング環境を提供できると自信をもてたからこそ新しい法律への早い段階での移行を決意できたのだと思います。

新しい法律に基づくサービスへの移行によって、東京都の補助事業の対象外となり、助成金※がなくなることで事業所にとっては経営上の問題が生起しました。それにともない、コープとうきょうとの業務委託契約の見直しを行いました。なるべくさまざまな個性をもった人たちがチャ

※助成金:１か月 288,000 円、半期毎に支払われた。おおよそは、施設外指導員の新規雇用人件費にあてられた。

レンジできるように、請け負い業務を日用品仕分け作業（月曜～木曜の週4日）に限り、作業量を縮小しました。また、委託料の見直しも行い、利用者に支払う工賃の安定的確保につながりました。東京都助成金がなくなった分は、JHC板橋会の自主財源で賄っています。

2. 職場体験実習プログラム

2009（平成21）年4月、事業スタートから3年が経ちました。現在、指導員1人がコープとうきょう板橋センター（以下、板橋センター）に同行して、利用者4人のチームで毎週月曜から木曜まで働いています。勤務時間は朝9時からおおよそ14時までの5時間で、請け負った作業の終了まで責任をもちます。季節やセールなどによって商品の種類や量も変化しますので、定時に終了というわけにはなかなかいきません。夏は水、ビールが大量に入荷しますし、オムツのセール時はムーニー、パンパース、メリーズとメーカーもさまざまで、サイズも新生児から卒業パンツまで、そのうえ枚数もさまざまで伝票とにらめっこしてもこんがらがりそうです。

企業の現場に身をおくことで、センター長はもちろんのこと、社員やパート職員への挨拶など、企業の場にふさわしい態度、言動も必要とされますので、安易な欠勤はできません。また、自分が休んで仕事に穴をあけると職場やチームメンバーに迷惑をかけることになります。9時から会議室を借りて朝のミーティングを行いますが、ちょうどコープとうきょうの社員も朝礼のスタートの時間で、隣室で行われている様子が感じられます。福祉施設の中とは異なったふるまいと責任が求められる、まさに企業現場の緊張感があります。

朝のミーティングは「気分調べ」「今日の個人目標の発表」「連絡報告事項」「チームの目標」「コープ職場体操」という決まった手順で、利用者が司会をローテーションで担って行います。

ＪＨＣ板橋会のどの事業所のミーティングにおいても、利用者でもスタッフでも人が集まり気持ちや考えを分かち合うときには、まず「気分調べ」から始まり「気分調べ」で終わります。「気分調べ」とはルールに基づき、そのときの自分の気持ちを1人30秒以内で発言する簡単な演習です。人が話しているときには他の人は黙って聞くことがルールで、批判される心配はありません。そして全員が等分の時間を分かち合うルールで、誰かが話し合いの方向を牛耳《ぎゅうじ》ることなく、お互いの対等性を確保します。

たとえば、「昨夜は気になることがあってなかなか寝つけなくて、まだ眠いです。ケガのないように気をつけたいと思います」「今日から実習なので緊張しています。何もわかりませんのでいろいろと教えてください」など、まず自分の状態を自分が気づいていることは自己管理につながります。そして、それを正直に分かち合うことができるようになることで、ともに働く仲間との信頼関係が生まれます。互いの心の内を知り合うことで、配慮し協力しあって1日の無事の仕事を完成する基礎となるのです。「就職したら気分調べがなくなるのが淋しい」という人もいます。「気分調べ」そのものはなくなっても、「気分調べ」のような正直な会話が自然にできるような職場の対人関係をつくること

気分調べ

グループは目に見えるものと、一人ひとりの心の中にある見えないものとで成り立っている。「気分調べ」はグループの信頼関係づくり、自己認識、自己表現に活かされるピアカウンセリングの定番演習である。

【ルール】
1．30秒以内に自分の気持ちを言います
2．人が話している間は黙って聞いています
3．話したくないときにはパスすることができます

～みんなが黙っていれば非難される心配がなく安心して話すことができます　お互いの信頼関係をつくるために～

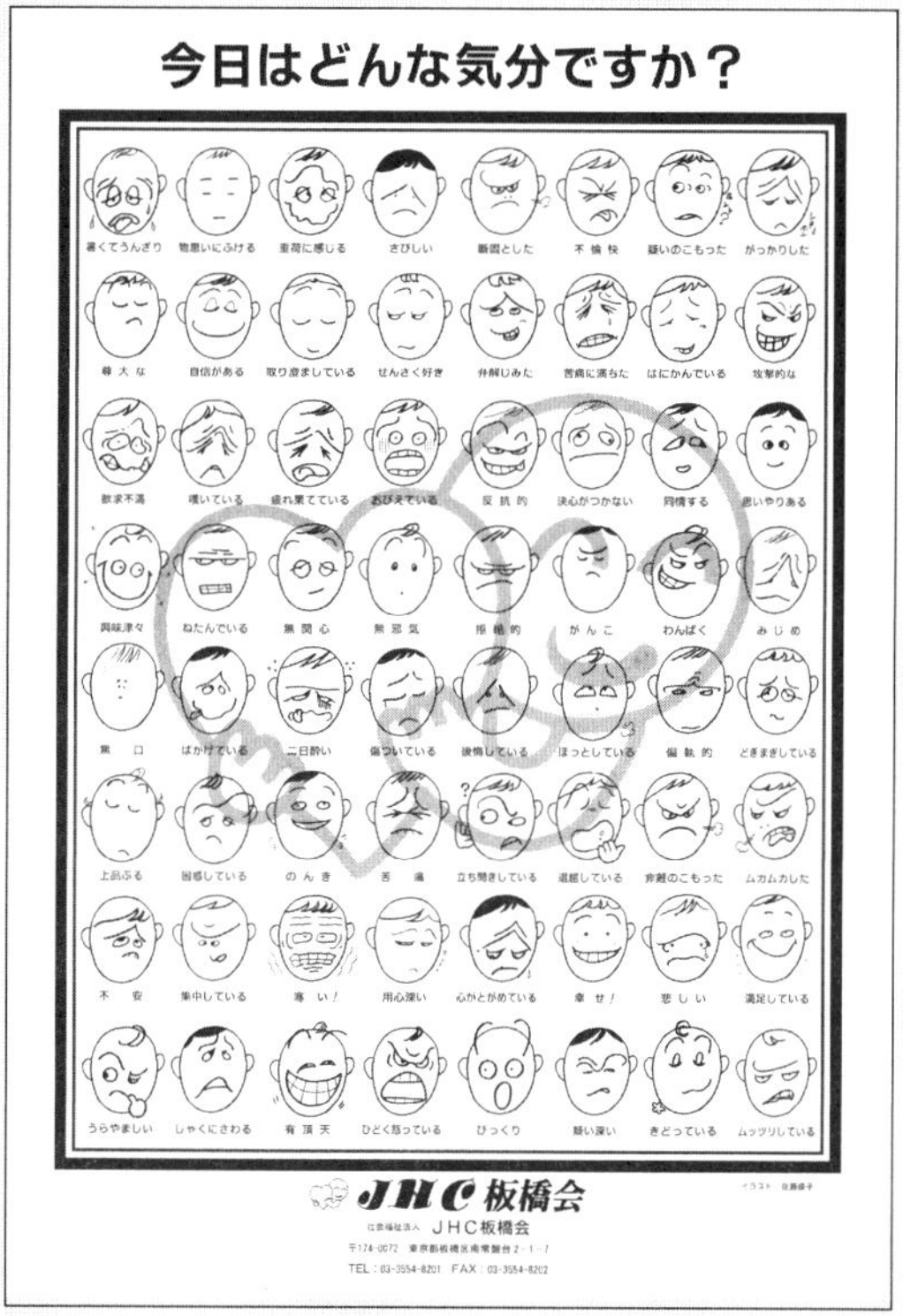

（「セルフヘルプグループ育成講座」参照 1998年 JHC 板橋会発行）

で、人は安心して1日を働くことができるのだろうと思います。

仕事を終えた帰りのミーティングでは、自分の目標に対して達成の度合いを振り返り、再び「気分調べ」をして1日を終えます。役割を終えてようやくほっとする時間です。

3．企業の管理職から直接教育を受けるチャンス「センター長ミーティング」

金曜日の10時から1時間、板橋センター長と利用者、指導員のミーティングを行っています。これは「センター長ミーティング」と呼ばれています
この事業開始当時の加藤正浩センター長から「金曜日の作業終了後、20分ほどでいいのでお時間いただけますか?」と提案されたのが始まりでした。事業開始当初は金曜日も作業をしていました。
生協組合員に配布する商品カタログ「ハピデリ」での商品学習、コープとうきょう全体の経営方針や活動内容、作業の改善、労働安全衛生などについて直接教えていただきます。私たちも板橋センターの仕事を担う一員であることを実感でき、つながっている安心、自信、そして責任感をもって働き続けることにつながります。
センター長から、「仕事を続けられる働きやすい職場ですか?」「よりよい作業環境は互いの声かけから」「労働安全衛生・痛い、危ない、ヒヤリとしたことは?」「挨拶」「新人はどう教わるか、ベテランはどう教えるか」「自分の長所、短所」など、私たちの声を聞くための問いかけがあり、一つひ

とつコメントがなされます。よい面を見つけて評価してくださり、どんな体験や考えでも、否定することなくすべてを大切な気づきにすることができ、だからこそ向上するチャンスになるのだと学びました。「ミスが見つからない仕事は危うい。改善もない」という言葉は、発想の転換になりました。

仕事の進め方で悩んでいることを伝えると「企業では改善運動スローガンを掲げて取り組んだりしますよ」と教えられたことをきっかけに、毎週の作業改善目標をもって、仕事に取り組むようになりました。それはチームみんなでよい仕事をし、「全体で成長していこう」と心を一つにしてくれるものにつながりました。

「急がば回れ、あせり、気のゆるみはミスのもと」「気持ちのいい仕事は挨拶から」「コミュニケーション図って円滑作業」など、みんなで決めた週間目標の標語を、朝のミーティングで読み上げ、確認するのが今でも習慣になっています。

職場のリーダーである立場のセンター長と直接向き合ったコミュニケーションの機会がもてたことが生み出した力は、本当に大きいものがありました。

体験の場として、多くのメンバーが利用していくこの事業では、施設と企業の絆を確認できる場があることの重要性を実感します。施設外指導員が常駐し窓口となっているだけでは、板橋センターの一員であるという実感はもてなかったと思います。プロデュース道の利用者と職員だけでプログラムが完結していては、今の状況は生まれなかったことでしょう。

加藤センター長が異動したときには、スタートから支えていただいていたので不安もありました。

しかし、私たちとのこれまでの経験を広げていく役割を果たしてくれるのだとむしろ心強い経験となりました。実際に加藤さんの異動先に実習を終了した佐藤允康さんが雇用され、加藤さんが異動されたあとも、佐藤さんは元気に勤めています。今ではセンター長、副センター長が他のセンターへ異動すると、それによって理解者が増え、利用者の雇用先が広がるのではないかという期待が広がります。

次に着任した橋本隆志センター長とは、月1回のセンター長ミーティングにして、2年半のおつき合いになりました。利用者を一人

現在コープとうきょう板橋センターで働く茨木宮子さんの感想

休憩時間などに加藤センター長が仕事をされている前を通り、挨拶すると返してくださり、好印象をもっていました。いつも元気なセンター長が風邪をひいておられて、私の採用面接のときに「こんな声で申しわけありません」と言ってくださいました。コミュニケーションが取りやすく、こちらも話を返せるような質問をしていただきました。学習テーマで「失敗したこと」のとき、切り分けができなかったことを書いたら、間違えないやり方を図に描いて教えてくださってよくわかりました。

センター長ミーティングが楽しくて、ないときは淋しいな…と思いました。加藤センター長が「申し訳ありません」と紙に書いてホワイトボードに貼っておいてくださいました。

の職業人として、社員を指導するのと同じように接してくださいます。たとえば、センター長ミーティングで「仕事に就いた経験がなくて、実習も開始したばかりだけれど自分の課題の壁にあたっています」と悩みを言葉にする利用者に向けて「必ずしも仕事というのは自分の好きなものに就けるとは限りませんが、続けていると何かしらおもしろいと思えることが見つかってきて、働き続けることができるようになります。さまざまな季節を通して1年間やれるといいですね」というコメントは、印象深く思い出されます。

「こんなにいいところもあるじゃないですか」という言葉も、たくさんの働く人を見てきたセンター長の言葉だからこそ利用者も納得できます。

本事業は、「働く」ということのリアルさを教えられる、企業の管理職に直接関わってもらえる貴重な機会であることを実感しています。

4. コープ就労ミーティング

毎週金曜の午後はプロデュース道の施設の中に戻って、「コープ就労ミーティング」を行っています。ここでは、働き続けることを支える健康や生活面、仕事上の悩みごと、困りごとなどをお互いに話し合います。現場でともに働くだけではなく、仕事中に話すことができない気持ちや考えや経験を、交流させることで仲間意識がより強まります。一人ひとりの課題の克服や不安への対処の仕方、またトレーニングを続ける「やる気」を保つには、ピアサポート（仲間同士の相互支援）の力が発揮されます。

ミーティングでは、現場での訓練の中で感じたよかったことやあるいは困ったこと、失敗も含め1週間の振り返りを一人ひとり順番に語ります。食事や睡眠など生活リズムや健康状態、家族や友人との関わり、余暇利用などの日常生活の様子や、医療機関や福祉サービスなどの支援をどのように活用して働き続ける生活を支えているのか、などについても話します。そこから、働き続けるうえでどんなことが自分の課題なのかが見えてくるように、指導員は質問を投げかけ、必要に応じて、他の仲間の経験や考えを効果的に分かち合えるように働きかけます。

体調の悪さも伝え合うことで互いの心の準備になります。調子を崩しても誰も責めないし、むしろ「大丈夫?」と気遣えるのは、同じ障害をもつ仲間だからこそです。しかし「自分が休むと申しわけない」から体調管理に責任を感じます。一人ひとりの仕事が大きい存在であり、簡単には休めない現実というのは、施設の中で活動しているのとは大きな違いです。

施設の中での仕事とは、集中力、体力的にもかなり大きな違いがあるので、しっかり睡眠、朝食をとることは必須です。就寝時間が深夜0時を過ぎる生活をしていたり、朝食をとらない習慣だったりするAさんは、実習を始めて、活動の場が変わることで生活の見直しが必要となりましたが、事前にスタッフから助言されても実行に移せないでいました。実際に働いている先輩から「この仕事には、最低7時間は睡眠をとるようにとセンター長も言っていた。自分は朝7時に家を出ないとならないので10時には寝るようにしています」「商品量は日によって違うから、何時に終わるか見えない日もある。朝食をとっていないともたないですよ」などと言われることで、仕事のきびしさが具体的にイメージできるようになって、その大切さを納得できました。

そのときどきのグループや委託業務の状況、また、利用者の課題に応じて、後半の時間を業務改善の工夫についての話し合いや、職場でのふるまい方、ビジネスマナーについてのＳＳＴにと臨機応変に検討や学習の時間としています。

企業から委託される業務は季節ごとに変わります。また職場のシステム変更などによって作業方法が大きく変更になることもあります。委託された業務の品質を落とさないために、現場での経験を生かして新たに工夫し、周知徹底する作業ミーティングの場でもあるのです。必要なときには、練習用にお借りしてきている機具を使って実践練習をします。商品の重さ、形状に従って「どのように積むと効率よく1つのカゴ車に収まるか」「壊れやすいものは最後にしよう」など作業の基本を確認します。さまざまな工夫はアイデアを披露し合い、互いに取り入れて効率よい作業につなげています。スタッフが作業指導するだけでなく、ここは経験を積んできた先輩の腕の見せどころです。

5．悩んでいるのは自分だけではないんだ

効率よい作業方法が工夫されている先輩たちのチームに加わることになった新メンバーは、先輩の

要領のよい仕事の仕方に比べて差は歴然としており、自分の上達具合をもどかしく感じたり、「仕事ができない自分」に悩んでしまったり、早く仕事を覚えたいと焦ることがあります。そういう気持ちが吐露されたときに、新しい仲間が「すごいなぁ」と感じている先輩メンバーから「自分も最初は何もわからないので、指導員から言われるままに動いていて、自分で動けるようになったのは3か月経った頃だったよ」と言われると、「時間をかけてがんばっていこう」とホッと肩の荷が下ります。新しいメンバーを迎えるたびに、先輩のほうは実習を始めたばかりの時点から歩んできた、自分自身の成長の道のりを実感します。

6．先輩から後輩へ、責任を引き継ぐ立場が人を成長させる

この事業をスタートした当時の1期生である上原勝さんは、はじめて後輩を迎える経験をして、次のように体験を語っています。

「途中から新しいメンバーも加わって来たので、今までの経験やノウハウを伝えていこうと思いました。それは今までやってきたことの振り返りや、自分では気づかなかったことが発見できるからです。そして、自分のことだけでなく、全体も見渡していき、今以上に力をつけたいと思います」

Bさんは後輩を迎える時期が来て、人に教え、励ます「先輩の立場」が成長のチャンスとなりました。「自信がなくて声が小さい」という共通の課題をもつ後輩から「もっとリードしてほしい」と要

望されました。指導員からも「広い倉庫内にふさわしい大きな声が出せるといいですね」と指導を受けて本人は反発もあったせいか「むきになって声を出すようにした」とあとから語っていました。Bさんは大きな声で連絡報告の声かけを行い、自信をもって仕事を教えるようになっていきました。その後、作業内容とメンバーの顔ぶれを見て、自分がやるべきことを率先して引き受け、まかせるところはまかせる、頼もしいリーダーシップをとるようになっていきました。

コープ就労ミーティングをBさんは次のように振り返っています。

「1週間の振り返りをして、みんなでわからないところを話し合ったり、生活面などの話をしました。最初は人前で話すのは緊張するし、苦手でしたが、気分調べやミーティングに参加することで、自分の話をしたり、人の話を聞くことにも慣れ、特にこれまでは自分の思いをためこみがちだったということに気づきました。今までは何かあったら母親にしか話せない自分でしたが、同じような障害をもつ仲間と話すことができ、自分の中でもやもやしていたことがすっきりしたような気がしました」

Bさんは真剣に業務改善をしていこうとする先輩としての姿勢を、そのふるまいから後輩に伝えました。就職に向けてコープとうきょうでの実習を終了するとき、就労ミーティングで仲間に置き土産として、「仕事を続ける秘訣は、なんでもすぐにスタッフに相談することです」と語りました。当初の遠慮がちで「コミュニケーションが下手で」と言っていたころからは想像もつかないほどの自信にあふれていました。

Cさんはとても優秀な人ですが、謙虚で遠慮がちで、自己主張をなかなか口にしないタイプです。仕事の中で、タイムスケジュールをしっかり意識しているので、コンビを組んで仕事をする相手に対して「もっとスピードアップしてくれるといいのに」と思っていました。しかし内心もやもやしながらも、要求したいことを言わないでいました。指導員は、「チーム全体のスピードアップが仕事の質の向上のために必要なので」とCさんに頼み、就労ミーティングで思っていることを本人の口から話してもらいました。言われてみて、コンビを組んでいた相手は「間違えないことが優先だから早さはいらないと思っていた」と答えました。そこで、「スピードも意識していきましょう」と、チームの目標にすることにしました。Cさんは気持ちを口に出してみて、相手がどんな反応をするのか確かめる体験ができました。だんだんと思っていることや提案を、安心して主張するようになりました。Cさんは、「活動を通して、規則正しい生活リズムが身につき、身体を使う仕事なので体力もつき、健康になりました。そして仕事上でのコミュニケーションを通して、人との関わり方を学べました」と振り返っています。

そんなCさんが、2009（平成21）年3月、就職して2年が経ったと菓子折をもって、プロデュース道に立ち寄ってくれました。「よい上司、先輩に恵まれて仕事を続けられています。社会で働いていると、病気もよくなるのだと思います」と、かつては言葉少なであったCさんが職場への感謝をたくさん話してくれました。

「自分は〝社会人〟であって、病気はあっても〝病人〟ではない」。Cさんは大事なことを教えてくれました。

本来、利用者自身が自分の中に育てている個性的な長所、能力を発揮するチャンスが、一つのチームワークのプロセスを経験することを通して与えられました。力をいかんなく発揮されることを待つ仕事がそこにあります。人との信頼関係と生まれた自信が、社会へ踏み出すことを躊躇する気持ちの背中を押してくれます。人を勇気づけることで、自分自身も大きな自信を得られます。本物の意味のある仕事こそが、そのチャンスなのだということを、たくさんの利用者の姿が教えてくれます。

7．企業、施設、支援機関のタイムリーな連携

（1）コープとうきょうとの業務連絡会議

コープとうきょうの人事教育担当である渡邉秀昭専務補佐と、受け入れ事業所である板橋センターの橋本隆志センター長を交えて、毎月1回業務連絡会を開催しています。プロデュース道の施設長と施設外職場体験実習の事業責任者が板橋センターに出向きます。業務上でお互いに相談したいことはもちろんのこと、障害者雇用や就労支援のトピックスの情報交換、そして利用者一人ひとりのプロフィールや課題について現況報告をしています。コープとうきょうでの就職を希望する利用者がいる場合にお願いすることも、求人とのタイミングよく可能になります。

現在、コープとうきょうに雇用されたメンバーが6人いますので、不調時のフォローもこの連絡会

の情報交換でタイミングよく連携でき、早め早めに休養をとらせてもらったりすることもあります。橋本センター長はよく観察していて「仕事についていけない状況では本人自身がつらいでしょう。時間短縮する働き方はどうですか?」「Dさんはあまり自分から話をしないけれど、まだ夏休みもとっていないので声をかけようと思います」などと、板橋センターに雇用された実習の終了生に声をかけてくれます。

また、一緒に働いているパート社員と、会議の行き帰りに事業責任者が顔を合わせることもしばしばあり、現場の状況やパートさんの気持ちを尋ねる機会にもなっています。「Eさんはがんばっていますね。スピードはもうちょっとかな?」「今、業務変更でバタバタで、教えてあげられないんですよ」と、周りで働く人びとの仕事の状況や評価を知ることができて、支援の方針をたてる参考になります。

指導員が日常業務で訪れる以外に、事業責任者がセンター長ミーティングや業務連絡会に出席するなど、定期的なコミュニケーションの機会をもつことも企業との信頼関係を継続し、臨機応変な連携に結びついています。

(2) コープスタッフ会議

JHC板橋会の職員もチームで支援しますので、内部の連絡会議を欠かせません。月に1回、現場の指導員と、事業責任者、利用者の個別担当職員、「障害者就業・生活支援センターワーキング・トライ」の職員が集まり、情報交換、支援方法の会議をもちます。関わる全スタッフが利用者の長所、課題、家族の状況などの生活背景についての情報を共有します。事情に配慮しながら、今、誰が何を働きかけるのか、待つのか、求職状況はどうなっているのか、方針を意思統一することでタイミングよい働きかけにつなげていくようにしています。

現場の指導員は支援者であり、かつ業務に責任を負う上司の立場として関わります。一日の仕事を終えたあと、報告をプロデュース道に書き送り、さらに電話で当日の空気も含めて伝えてくれます。施設のほうでそれを受けながら、必要なときには個別担当職員がフォローアップする態勢をとります。突然主治医が変わって、ガラリと薬物療法が変更になったことで、不安にとまどう利用者本人にコープとうきょうでの実習のあとに同行受診したこともありました。また、一人ひとりの課題が日々見えるなかで、週末の金曜の就労ミーティングで、タイミングよく話題を取り上げることができます。

8．支援者自身の学び～企業現場に対する実感をともなった関わり～

福祉施設の職員も、企業現場の仕事に責任を負う毎日の活動を通して、就労するときに何が必要なのか、目を見開かされる体験をしながら学ぶことができました。

仕事は単純ではありませんが、ちょっとしたコツや技術習得が時間短縮につながり仕上がりにも影響します。日々商品量や内容も変化し、永遠に工夫しがいのある仕事であることは、意欲維持にも役立ちます。簡単ではない仕事だけに、1人が休んで仕事に穴があくだけで、全体に大きくひびきます。「休まないで出勤すること」がどんなに就労に大事であるか職員も実感するのです。請け負った仕事に穴をあけないために利用者の体調や生活の様子をスタッフだけでなく利用者同士もお互いに把握し気遣い合う必要に迫られ、万一欠勤者があるときにはスタッフが穴埋めをします。

西根博貴指導員と大槻尚子指導員は、初年度の終わりに次のように振り返っています。

「企業現場では当たり前の中に身をおいたから知ったこと、できたことは少なくない。私自身にとっても、肯定や見守りだけではない関わりから見える課題とその対応、グループ・仲間のもつ力のすごさなど、企業現場だから感じた新たな支援者の役割、障害者観が得られた。自立支援法施行により福祉と雇用の連携はますます求められるだろう。それにはこのような現場の力も大きく左右することを強く感じた」（西根指導員）

「〝企業の中に現場があり、目標がもてる〟、このことがメンバーの生きいきとした表情や取り組みにつながっているのではないか。また、板橋センターの皆さんの姿から、日頃障害者を支援していると いう我々が〝障害を障害としてしまっているのではないか〟ということにも気がついた。今では苦楽をともにする同志のような関係と私自身思っている」（大槻指導員）

施設の中での準備訓練をどのように行えば、企業現場とのギャップを埋めることができるのか。実習を開始したときに利用者がとまどわずにすむために、自分たちの支援がどうあるべきかについての

就職に必須事項！

①「早めのＳＯＳ」

自分の健康状態の変化にいち早く自分が気づき、危なそうなときには事前にＳＯＳを出してもらいます。休んでしまった経験から「自分は４日間連続して勤務することはまだ無理だと思った」と伝えてもらい、ローテーションを調整した人もいました。無理することではなく、自分に可能なこと、不可能なことに気づき、発信することこそが責任を果たすことだと学びました。

②「挨拶がコミュニケーションの第一歩」

挨拶は人間関係でも、仕事上でもまず基本であること。その場にふさわしい言葉をふさわしい声の大きさ、身振りですること。そこから仕事は始まります。声を気軽に出す習慣が、職場における「ほう・れん・そう」（報告・連絡・相談）につながります。期待される時間内に終わらせることや、自分と人の安全を守りながら遂行することが必要で、声かけがないとチームワークができませんし危険なことにもなりかねません。謝ったり、お礼を言ったりすることの必要な場面も多々あります。そのとき自分から適切な言葉が出せるようになることにも取り組みます。

③「ほう・れん・そう」

仕事は教えられながら習熟していけるものですが、わからないとき、困ったときに質問ができること、「ほう・れん・そう」ができることがその前にまず必要です。

自分で判断することか、指示、助言を求める必要があるか判断できること。作業のさまざまな場面を通じて、自信をもって自己判断ができることは行い、人の判断を仰いだほうがよいことはすぐにその場で指導員に相談すること。迷って立ちつくすくらいなら聞いてしまったほうがよいと助言します。仲間に尋ねると相手の作業効率を下げたり、質問されることが相手の負担になることもあります。誰に何を聞くのかも大切です。

職員自身の支援の振り返りに事業の経験が役に立っています。あらためて支援のあり方を学ぶとともに、企業で働く実感に確信をもって利用者と関わることができるようになったのです。

9．施設外指導員の役割と施設内スタッフによるジョブコーチ的支援の役割の違い

新しい利用者が事業に入るときに、請負業務に責任をもつ指導員以外に、施設内のスタッフが出向いてジョブコーチ支援を行う必要があります。指導員は作業指示をセンターに仰いだり、全体を見ることに責任があり、新人に対してていねいに関わる余裕はありません。経験者が抜ければその分作業の質、量ともに穴があきます。支障を最小にするために、ジョブコーチがマンツーマンで作業指導します。新しく入る実習生は、ジョブコーチがついている間（期間は個人により異なるが3日~1か月程度）はローテーションの人員外で無給（工賃はゼロ）です。その代わり、新しい環境に慣れ、作業を経験し、コツやセオリーを一つひとつ覚えていくことを自分のペースで気兼ねなく行えます。利用者にとっては、それまで施設内でともに働いたスタッフが同行する安心感があります。ジョブコーチ支援にあたるスタッフも利用者の長所や課題もよく知っており、スムーズに支援に入ることができます。

そのため新人の導入時期はコープとうきょうの現場にスタッフ2人体制をとらなければならず、施設の中での活動はおおわらわになりますが、きめ細かくていねいな伴走が利用者の不安感を減らし、

業務のスムーズな引継ぎにつながっています。

10．人生の選択の可能性を広げる「経験」という宝物

3年間で19人がこの事業を利用し、うち8人が就職、現在4人が利用中です。就職者のうち6人がコープとうきょうにパート採用されました。中断した7人のうち2人が施設の中でのトレーニングに戻っています。5人はプロデュース道を終了して他の福祉施設に通ったり、資格取得のための進学をしています。それぞれ就労にはつながらなくとも、障害とのつき合い方や、自分や社会の認識について大きく役立ちました。自分自身の希望や課題がみえてきて、施設の中にいるだけではみえてこなかったことが、実際の職場体験を通してと向き合うことができ、次のステップの進路選択に生かすことができたという貴重な経験となりました。

作業内容の特徴から、マッチング（仕事と利用者の組み合わせ）は大切です。しかし、必ずしも自分の職業選択を実習で行っているような作業で決めるつもりではない人にとっても、企業で働く経験を通して、福祉施設内では得られない力を高めるチャンスとなります。

不安や緊張感を乗り越える経験、仕事に責任をもつ経験、自分の体力や集中力がどれくらいなのかを知り伸ばしていく経験、スキルアップやスピードアップに努力する経験、チームで協力して働く経験、自分の気持ちや状況を人と分かち合う経験、人を信頼する経験、得られることは人それぞれです

が、はかり知れない「経験」という宝物がちりばめられているのです。

第2章 可能性を発揮するチャンスを！

ここでは職場体験実習を経て、コープとうきょうでの一般就労に至った２人の体験談を紹介します。第１部第１章の冒頭でも登場した上原勝さんは、２００７年３月よりパート職員として働いて３年目になります。佐藤允康さんは、２００７年９月に就職に至りました。２人とも実習終了後トライアル雇用制度を利用して就職することができました。

1. 体験実習から一般就労への道

コープとうきょう板橋センター　**上原　勝**

自分は学校を卒業して電気メーカーで15年働いておりましたが、ＩＳＯ９０００を取得するための資料づくりや、職場の変更などがきっかけとなり、発病しました。そのときは有給休暇で休んでいましたが、完全に治らず、会社を辞めることにしました。しばらくは調子が戻らず、夜眠れない、昼間は気持ちが悪くて外に出られないなどで、家でブラブラとしていました。

約1年ほどが経ち、調子がもどってから宅配の仕事に就きました。ドライバーとして6年働きました。しかし、人件費削減のための配達地域の変更・賃金カットなどにより、病気が再発してしまい会社を辞めました。そうしているうちに収入がなくなり、生活保護を受ける状態になってしまいました。

しばらくして、福祉担当者や保健師さんの紹介で、「ＪＨＣ板橋会プロデュース道」を利用することに決めました。プロデュース道ではレストラン風見鶏の厨房の仕事を、他のメンバーやスタッフと協力しながら進めてきました。約半年がすぎた頃、自分も一般就労したいと思いワーキングトライに登録し、障害をオープンにして電気関係や合同面接会など約10社の面接を受けました。しかし、採用には至りませんでした。採用にならなかった理由は自分にもあると思いますが、〝精神障害〟ということを理解してもらえなかったからかもしれませんし、病気というだけではねられたのかもしれません。

その後、プロデュース道が実施している施設外職場体験実習先である「コープとうきょう板橋センター」で、他のメンバーと一緒に実習を始めることにしました。２００６（平成18）年6月からです。最初は不安や戸惑いもありましたが、仕事に慣れてくると楽しくなり安心感もあり、休まず仕事を続けていくことができました。

日々のミーティングでは、その日にあった困ったことや工夫を伝え合って情報を共有したり、毎週金曜日に行われる就労ミーティングでは、業務をどう改善していくかを話し合い、次の週のチーム目標を立て、実行していくことにしました。その頃から自分の中で人に頼りすぎず、自分でもどうしたらよりよくなれるかを考えながら、またみんなと協力して無理をせずに、自分の力をつけて動けるようになってきました。また、途中から新しいメンバーが入ってきたので、今までの自分の経験やノウハウを伝えていこうと思いました。人に伝えるということで、今まで自分たちがやっていたことが正しいのかどうかにも気づくことができました。

約半年ほどですが、コープとうきょうの職場体験実習を通して、一般就労をするにあたって必要なことを学び、以下のことを身につけることができました。

- 仕事がある日は遅刻、欠勤をしない
- 体調・服薬の自己管理をしっかりする
- 意欲的に仕事をする
- 仕事になれあうことなく向上心をもつ
- 自分の今いる立場を考えて仕事をする
- 他のメンバーと協調して仕事をする
- 全体の段取りを考えて仕事をする
- 周りの安全に気をつけて作業をする
- 焦らず冷静に仕事をする

施設外職場体験実習を始めて半年が過ぎた2006（平成18）年12月から、トライアル雇用制度を利用してコープとうきょう板橋センターに2007年3月パート社員としての採用が決まりました。とてもうれしかったです。最初は、月・水・金の7時～13時の出勤帯で働きました。ほかのパートの人たちとの人間関係なども少し不安でしたが、トライアル雇用が始まったときから、職業センターのジョブコーチの支援を受けて働きました。自分では気がつかないことや不安になったときに、助言をしてもらったり、仕事をするうえでの考え方を相談させてもらえるので助かりました。気分的にも落ち着いて仕事をすることができました。今では、新しい人が入ってくると仕事を教える立場にもなりました。勤務時間も2時間ほど増えました。

しかしそのあと、職場の中の人手不足や仕事量の変化、また仕事内容の変化にともなってだんだん肉体的に疲れが出て、調子を崩していきました。就労ミーティングで職場の状態などいろいろ話をしていたので自分では納得していたつもりですが、パート社員として採用されて1年を過ぎた頃に自分で体調管理ができなくなり、2週間ほど休みました。

その後、センター長と出勤日や時間数を減らして仕事に戻るという話をしたのですが、自分はただ単純に働く時間だけを短くするという考えしかなく、1回復帰をしたものの3か月ぐらいしてまた体調を崩して、再び休むことになりました。

そこで、あらためて自分なりに勤務時間や日数について考えてみました。今までは単純に短くするだけで大丈夫という自分の思い込みがあったのですが、よく考えてみると、時間を短くするというこ

とだけではなくて、自分に負荷がかからないような仕事を考えてみる必要があるのではないかと思ったのです。そこで、2回目に復帰したときは朝の7時からの時間帯は肉体的にちょっときつかったので、最初は11時～15時ぐらいで仕事を始めていきました。だんだん慣れた頃に日にちを延ばして、最後は土曜日出勤を、隔週に出ていたのを毎週出るようにしていきました。それからまた少し体調を戻したところで、最終的に最初の時間帯と勤務日数で働けるようになりました。

コープとうきょうで働き始めて、それまでは自分の体調や状態を職場の人たちにあまり伝えることがなかったのですが、いろいろなことがあってからはみんなに状態を話し、コミュニケーションをとってうまくやっていくようになりました。それがあったおかげで現在では1週間フルに出ますが、働けるのだなと思っています。

コープとうきょうの社員となって振り返ってみると、特に自分たちが精神障害をもっていても、特別に偏見や違和感を感じることはありませんでした。これは自分たちのことをちゃんと見ていてくれて、評価をしてくれたからだと思います。

他の会社では、精神障害をもっている人たちのことをどう思って、またどう思われているのか、自分はよくわかりません。しかし、精神障害をもっているからといってはねのけるのではなく、もっと理解していただいて、一緒に成長していくという気持ちをもってほしいのです。

特に今はスピードが求められますが、ときにはゆっくり進んでいくことも必要なのではないでしょうか？

一般の人たちでもすべての人が入社してすぐに戦力になりますか？

精神障害の人たちも、好きで自分から障害をもっているわけではありません！

障害をもっていても、一生懸命努力をしながらがんばっているのです。

自己管理もしっかりしようと努力をしています。

仕事の機会を与えて評価をしてみてください。

そして、障害をもっていても仕事ができるところを見てください。

少しずつでもいいから社会復帰をしたいと考えています。

どうかもっと、精神障害をもっている人の採用の機会を増やしてほしいと思っています。

2．定年まで働き続けたい！

コープとうきょう豊玉センター　佐藤　允康

はじめに、病院・保健所デイケアを利用しながらの回復

私は、24歳頃に障害をクローズにして時計屋で働いていたとき、体調を崩してやむなく退職しました。当時の主治医の勧めで通院している病院のデイケアに参加しました。デイケアに参加するうえで目標にしたことは、次のことです。

- 決めた曜日に通うこと
- (今よりも引っ込み思案な性格だったので) 周囲の人とコミュニケーションをもつこと

また、デイケアに参加して身につけたことは、次のことです。

- デイケアプログラムの料理会やイベントの企画を担当し、社会性を磨いた
- デイケアに通いながら、パソコン教室にも通いスキルアップを目指した

デイケアを利用し気持ちも病状も落ち着いてきて、そろそろ就職したいと思い求職活動を始めましたが、身一つの求職活動では面接すら受けさせてもらえず、また、薬の処方が合わず症状も悪くなり、社会復帰どころか対人関係の失敗で、病院のデイケアをやめることになりました。それから対人関係の失敗を引きずって、妄想や不安を振り切れず死にたいという思いに至り、母や主治医と相談し、1か月間入院しました。

退院はできましたが不安など精神的・身体的な不調の波はしばらく続き、主治医と相談して、地域の保健所のデイケアに通うことにしました。同時に服薬についても相談を重ね、副作用のきつかった薬から現在のベストマッチの処方箋に変更になりました。この日から現在の処方内容と、病院ケースワーカーに悩みや不満を相談する二本立ての診療体制ができました。これにより、主治医との限られた時間内のやり取りでは解決できなかった不安を、ケースワーカーの視野の広い柔軟なアドバイスにより、悩みで硬くなった私の思考をほぐし、心の解放感を得られた体験となっていきました。

この当時のデイケアへの利用目的は、病院デイケアでの目標と大きく変わりませんでしたが、引っ込み思案の性格から開放的かつ積極的な性格へと変わっていきました。たぶんケースワーカーに相談することで、抱えていた精神的不安が、根拠のないもの、特に気にするものではないと、認識することができたことが大きな要因だと思います。そして、「社会就労センタープロデュース道」へのステップアップへとつながっていきました。

社会就労センタープロデュース道を利用

一般就労へのステップアップに一番実践的にトレーニングできると思いプロデュース道の利用を決めました。利用目標は、次の3つです。

- 朝きちんと起きて通うこと
- 1日を通して参加できる体力と精神的な安定を身につけること

●決められた作業を確実にこなせるスキルを養うこと

結果的に考えると、どの目標も達成できたと確信しています。

プロデュース道ではデイケアと違って、作業に対する能力を積むことはもちろんのこと、職員や他の利用者と作業内容の結果についてこまめに打ち合わせをするので、デイケアよりもしっかりとした対人コミュニケーション能力や協調性が必要でした。挨拶や、相手に自分の言いたい内容がしっかり伝わるような話し方など、日頃のやりとりや週1回のSSTを通じて身につけていきました。職員から助言されたことをしっかり理解して実践することで、作業にも広がりがでていき、レストランの盛りつけからランドリーのシフトに変わりました。

ランドリーの作業は、プロデュース道のレストランの厨房服の洗濯やアイロンがけだけではなく、配達納品にまつわる事務作業もあり、とてもやりがいがあったことを思い出します。それから半年が経過した頃、また一つ新しい扉が見えてきました。

コープとうきょう板橋センターでの施設外職場体験実習へ参加

「コープとうきょう板橋センター」（以下、板橋センター）での実習をプロデュース道の担当スタッフから打診されたとき、ほとんど即答でOKの返事をしました。理由は、実習している先輩方から話を聞いたりして、私自身、板橋センターで訓練をすることで一般就労へ向けていよいよ本格的に活動したいと思っていたからです。

板橋センターは、自宅から通いやすかったプロデュース道よりも遠く、朝早くからの仕事になりました。勤務開始時間が早くなったことは、正直、ハードルが高くなったなと感じましたが、物理的な距離が遠くなったことで、実習以降の就労に向けた私自身の課題設定になるとも考えていたので、そのハードルを飛べるようになるための練習だったと思います。

倉庫作業で多くの仕事を覚え、身につけていくことが当面の課題になりました。参加した当初は、はじめてのことを身につけるのでジョブコーチがしっかりとついて指導をしてくれ、落ち着いて仕事に取り組むことができました。また、私もデイケアの体験や、プロデュース道での訓練で培ったコミュニケーション力でものおじせずに、周りの人たちに積極的に質問をして仕事に取り組むことで、職場に慣れていくのには時間はかからなかったと思います。むしろ慣れてからが、私の根本的な課題が浮き彫りになってきました。

たとえば、毎日同じ仕事をしていくことに疑問を感じ始めたことなどです。でも、感じた疑問や、仕事への感想などを毎週金曜のコープミーティングで、仲間や職員の人たちとしっかりと話し合ったことで、問題解決へとつながったと思っています。

具体的には、抱いていた仕事への不満がきっかけに、現在の私にもつながる課題が明確になったことです。今考えれば不満にもならないような些細なことを自分が拡大解釈をして、不満とストレスを担当のスタッフに一方的に突きつけたことがありました。今では申し訳ないなあと思いますし、恥ずかしい記憶です。でも、このときしっかり話し合ったことで、〝精神的に視野が狭くならない〟〝仲間

との協調性を忘れない〟という私の取り組む課題が以下のように明確になりました。

●仕事や一緒に働く仲間に対して過敏にならない
●自分の仕事の範囲をよい意味でわきまえ、必要以上に他の人の仕事に入り込まない
●自分の価値観を他の人に押しつけない

ほかにも、困ったり悩んだりしたときは相談できる人によく話し、解決の糸口を見い出していけるようにすることなどです。この体験をもとに、仕事をするうえでの基本である、報告・連絡・相談の「ほう・れん・そう」や仕事への心がけが整理できました。

ついに一般就労へ
〜新しいフィールド「コープとうきょう豊玉センター」〜

板橋センターでの約10か月の実習のあと、2007（平成19）年9月半ばから豊玉センターにトライアル雇用制度を利用し就職しました。慣れ親しんだ板橋センターではなく、新しい

場所で挑戦してみたいと思い一歩踏み出しました。新たな体験をし、1年経過した今思うと、一歩踏み出してみてよかったと思います。

仕事を続けるために特に感じたことは、春夏秋冬、季節の変わり目などに体調管理をしっかりすることです。また、指導員のいた施設外職場体験実習と違い、難しい対応が要求されたり、経験のないこと、判断の難しいことなどに私自身が直面することがあります。たとえば、周囲の人たちが辞めてしまい新しい人が入ってきたとき、私もまだ経験が浅いのに人に教える場面には大変さを感じました。そんなときには、一人で悩みこまず、途方もなさそうなことは、ときに割り切ることも重要だと以前の経験から学びました。ほかにも、私は他の人の動きに対して敏感なので、人間関係には少々鈍感くらいが自分にはちょうどよいとも思いました。

今でも気分や体調に波はありますが、うつ状態や過呼吸でも仕事には出る！　出たい！　と思います。なぜなら、私は今の職場と今の仕事を続けることを大切に思っているからです。野球選手でもケガをおしてがんばっている選手はとてもかっこいいです。それを見て勇気が湧いてきます。ただ給料のためだけに働くのではなく、仕事に対する強い動機づけが私には必要だと感じています。

私が大事にしている気持ち

どこかの地方自治体のポスターにもありましたが、「あいさつは心を明るくする魔法」だと私は思います。そして私も常に挨拶を心がけています。挨拶することで、相手との関係もほぐれると思いま

す。また、ユーモアがあればとりあえず楽しく生きられます。ユーモアがひらめくことは脳のストレッチ体操みたいなものだと思います。気分が明るくなります。あとで頭痛の種になるような、考えなくてもいいことは考えこまない。たとえば、楽しかったこと・感動したことなどに深く理由を考えません。心で単純に感じるものですから。ダラダラできる時間や気持ち・ゴロゴロする余暇の過ごし方など、自己流のリラックスで身体や心の固まった部分をほぐします。そうして身体と心の余裕をつくります。

そして、「夢・希望」

今の職場で定年まで働きたい！　そして家族と元気に暮らし続けたい！　と思います。元気に今の仕事を続けることで生活に張りが出るし、そうすることで母に安心してもらえると思うからです。家族みんなが元気で安心して暮らせることが一番大事だと信じています。

第3章　企業として精神障害のある人を雇って

元・コープとうきょう板橋センター長
現・コープとうきょう広報室　加藤　正浩

1．コープとうきょう板橋センターから

東京都の障害者就労支援策の「施設外職場体験実習」に関わる企業として、コープとうきょう「コープデリ板橋センター」が２００６（平成18）年度から2年間の指定を受けました。その事業の準備と約1年間の事業経過を通して、障害者雇用の課題と今後に期待することが見えてきました。

当時板橋センターにセンター長として勤務し、障害者雇用推進事業の話を受けたときには、障害者雇用についてはわずかな経験しかなく、この事業を進めるにあたっては不安や問題を一つずつ解決する必要がありました。

（1）授産事業の準備期間

一般企業で障害者が働くということになると事業所やそこで働く社員にはいくつかの不安が生まれます。まず、作業方法や内容・管理・評価の問題があるうえに、作業効率の低下が発生するのではな

いかということです。障害者雇用は業務遂行のために必要な稼働人員を確保するというよりも、企業の社会的貢献の取り組みの一つと考えていました。それはそれまでの障害者雇用経験が少なく、雇用に際して必要なことを学習する機会が少ないことによるものでした。この点が障害者雇用を始めるときに、事業所にとっては最大の問題点になっています。

障害者を受け入れることによる効率や業務レベル、職場のコミュニケーションの不安などは、障害者に対するイメージから生まれています。今回の事業への参加がなければ、障害の理解や障害者の就労の意義や課題を認識することはできなかったと思います。

今回の施設外職場実習を実施するうえで大きな課題となったことは、作業量が増えないままで新たな人員・稼働を受け入れるということでした。委託する業務にはすでに働いている社員がいて、その仕事を障害をもつメンバーに移行するためには社員のための新たな仕事を見つけ出す必要があります。ない仕事をつくり出す、あるいは職種の変更をするなどいわば経費削減とは裏腹の選択を迫られるということです。またこの事業が中断すれば、今度は委託した作業の新たな担い手が必要になるということです。その当時は求人難の時期でもあり、この点も事業所にとっては大きな不安でした。

実際にこのときに委託した仕事は、朝早くからの仕事で長時間、重量物も多いうえに、冷暖房設備のない倉庫での作業、加えて作業終了時間に制約があるというきびしい条件の仕事でした。

施設外職場体験実習の開始にあたって、社会就労センタープロデュース道とのパートナーシップづくりは大変重要で、準備段階から専門的な指導や相互調整を行い、慎重な準備作業を行いました。それらの作業の重点は、利用する障害者の意識や行動を理解し、事業所の不安や作業を軽減することにありました。

まずJHC板橋会の職員12人が自ら仕事を覚え、利用する障害者の作業手順書をつくりました。大汗を流し疲労しながらも、利用者が実習に参加する前に発生する不安を少しでも減らそうとする努力が、その後の実習への意欲や安定につながりました。

(2) 施設外授産事業の実施

決められた作業を決められた時間までに終了させることが、一般就労を目指したこの取り組みでは重要です。また、新しい職場環境に慣れるということも重要でした。コミュニケーションの進め方は利用者にとっても社員にとっても気を使う部分で、お互いを意識する職場環境づくりを進めました。具体的には「挨拶」や「声かけ」の重要性を話し合い、問題点を改善しながら進めました。特に利用者で意識改善がすばらしく、積極的に挨拶を行い、その結果、社員がそれを見習う形で、お互いに気持ちよく挨拶ができる職場環境ができあがりました。簡単なことに思えますが、挨拶が苦手な利用者が指導員に支えられながら、自分自身の意識を大きく変えていったことが何ものにも代えがたい大きな成果でした。

実際の仕事場面では作業品質・作業効率の低下を防ぐために、人員を補充することで作業速度を維持しました。品質の確保については、指導員を配置したグループ実習の方法が効果的に機能しました。利用者の多くは真面目で責任感が強く、作業ミスも指導員の援助とミーティングなどにおける振り返りで改善されました。作業ミスの再発防止とともに、利用者の仕事に対する意識は段階的に変化していきました。利用者同士がお互いの仕事を見ながら「一人で仕事を完結させたい」「作業が早くなりたい」「上手に作業がしたい」という改善意欲をもち、仕事の質を向上させていきました。その結果、先輩の利用者は後輩の利用者への指導責任の意識を高めていました。また、後輩の利用者は先輩の利用者の高い作業品質を見て、明確な目標をもつことができました。

社会就労センタープロデュース道とその指導員による利用者の実習での不安を少しでも減らそうとする準備と指導方法が、意欲の増進や安定した実習に大きく生かされました。指導員も利用者も日々の疑問や問題をあと回しにせず、常に改善し学び続けていました。この指導者のノウハウが、基本の徹底と利用者の意欲につながり今回の成功を生み出したといえます。

社員は最初にあった障害者のイメージとまったく異なる、積極的に自分自身を表現し仕事に向き合い、プロ意識を感じさせる集団に変わったことを目の当たりにしました。

利用者の成長過程も、障害者雇用の専門知識と能力をもつ指導員によって担われ、それまで社員が行っていた作業指導や管理に関わる負荷が大幅に軽減されました。障害者にとっても、まさに適切な指導が行われ安心して働ける場となりました。

この取り組みが安定してからは、事業所は間接的に利用者の教育・指導に関わるようになり、負担は少なく、日常の利用者への指導・教育は、すべて指導員と先輩の利用者が行っていきました。

職員教育・職場環境づくり・品質向上の取り組みは、事業所でも難しく大きな課題です。しかし、今回、プロデュース道の指導員から学んだ内容には、新人職員の育成にも必要とされるものがありました。たとえば、基本をていねいに教え、少人数グループで実習を積み重ねることによって習熟しながらともに成長し、不安などのメンタル面のリスクを軽減することなどがそれです。こうすることで事業開始時のお互いの不安要素を軽減できたことは貴重な経験でした。

(3) 課題

効率が下がることを、企業も社会就労センターも共通に認識したうえで、利用者それぞれが働き続けるためにはどのような対応が必要か考えていくことが、この事業では重要です。利用者・企業・社会就労センターの三者のいずれもが無理なく、継続できるシステムをつくることが課題といえます。

現在も板橋センターでは実習が続いており、業務に習熟した利用者が増えています。しかし1センターだけでは増え続ける実習修了者を一般就労として受け入れ続けることができません。今後は他の事業所に受け入れ先を広げていくことが必要です。また新たな企業における施設外職場体験実習の広がりも必要です。そのためには、他の社会福祉施設とのつながりも必要です。

事業所と社会福祉施設とが個別に時間をかけて準備を進めたり、新たな施設や人員を投入して就労支援を進めていくことは大きな負担となります。大きなネットワークによるサポートや公的支援を継続的に受けられることが、今後、新たな支援方法を検討していくためには必要です。

(4) 就労支援について

板橋センターでは倉庫作業の早朝積込み作業と、別積み品の仕分作業を業務委託していました。最初の1年で11人の障害者がこの施設外職場体験実習に参加しました。そのうちの2人は実習終了後一般就労となり、1人は一般就労準備段階のトライアル雇用に入りました。それぞれ高い能力を発揮して職場の戦力として活躍しています。

途中3人が残念ながら実習を中断しましたが、段階的に実習の利用者が加わっていたために、センター業務に支障が出ることはありませんでした。また今まで1つの職場で長期に勤められなかった人が、ここでは安定し長期に勤められるように変化し、欠勤も減るなど出勤状況に変化が出ることもありました。そして何よりも、この就労支援が今も続けられ利用者も増えていることが、この事業の重要性を示しています。

この就労支援事業がここまで順調に進んできた要因は、教育指導・職場環境・品質維持等という事業所に負担のかかる問題点を、社会就労センタープロデュース道の指導員が中心となり、十分な準備ときめ細かく適切な教育訓練により克服したことにあるといえます。さらに利用者とその家族がそれに応え、強い意欲で仕事に取り組んだことです。JHC板橋会は、地域・福祉・行政・医療・学校・企業等に広いネットワークと豊富な経験と技術をもっています。各地に存在する豊富な経験と技術をもったさまざまな社会福祉法人との関係を強化し、コープとうきょうの事業地域のみならず、コープネット事業連合の各地域生協へと障害者就労支援の輪を広げていくことも可能です。

2．精神障害者の施設外職場体験実習を受け入れて

前・コープとうきょう板橋センター長
現・コープとうきょう羽村センター長　**橋本　隆志**

●板橋センターの概要（2009年3月現在）
配達先組合員数　15，700人　事業高　37億5875万円
職員数　正規職員　21人　業務委託　29人　パート・アルバイト39人
内障害者　7人

1．精神障害者の施設外職場体験実習を受け入れて

私は2007（平成19）年2月に着任しましたので、ちょうどセンターで施設外職場体験実習をはじめて受け入れてから8か月を経たところで前任者より引き継ぎました。受け入れ当初は作業の見直しなど苦労があったはずですし、はじめて精神障害者のグループでの受け入れですので、当然、戸惑いはあったと思います。どの程度の障害であるのかも未知数ですし「受け入れるセンター側の職員の理解は得られるのだろうか」「どの作業をやってもらうのか」「どの程度の作業ができるのか」「当然そこにあった作業の流れを切り取って作業分担を調整することになりますので、センター従業員の雇用は確保できるのか」「センター職員とどの程度コミュニケーションが可能なのか」「業務品質のレベ

ルは維持できるのか」など不安がいっぱいのスタートだったと思います。

2．センター長ミーティング

当初は、当然障害があるメンバーも施設外の仕事に不慣れで、外部の企業の中での作業で今までの施設での作業とは違いますし、「センター従業員とのコミュニケーションの取り方はどうしよう」「わからないことがあるのに聞けない」など不安に陥っていたと思います。一般の社員でも同じですが、それらの不安を少しでも解消しようと、毎週金曜日の1時間程度をとってセンター長ミーティングを始めました。その中身は、ミーティングというよりもコミュニケーション（会話をする場）をとる場として始めました。当初は会話を投げかけてもなかなか答が返ってこないだろうと思い、質問・疑問・仕事のうえで困っていることなどをメモ用紙に記入してもらい、それらをホワイトボードに貼り、それらに一つひとつ答えていく形式としました。こうすることで情報を他のメンバーとも共有化することができます。現在は、月1回のミーティングになっており、内容は生協の商品が届くまで、理念・ビジョン、生協の食の安全の取り組みなど正規社員、パート社員に行っている学習会とほぼ同じ内容になっています。

3．Tさんのセンターでの様子など

Tさんの当初の印象は非常におとなしくて、仕事をしっかり継続してやっていけるのかと、とても不安だったことを覚えています。しかし先輩たちが卒業していくと、その責任感の強さからめきめきと実力を発揮し、仕事を継続できるのかという当初の心配ごとはなくなっていました。それどころか新しいメンバーのよきアドバイザーとして頑張ってくれました。

現在もTさんの活躍を耳にするたびに、メンバーに声をかけてリーダーシップを取りがんばって大きな声を出していた様子が思い出されます。今の職場でも大いにリーダーシップを発揮してさらなる活躍を期待しています。体調を整えながら力まずに頑張ってほしいと思います。

4．精神障害者の雇用について

２００９（平成21）年現在、施設外職場体験実習を受け入れて早3年が経っています。当初の不安は完全に払拭されています。板橋センターでは同実習を終了してコープとうきょうで採用した４人を含め、８人が元気に活躍しています。挨拶などは健常者よりしっかりできています。

私自身が心がけていることは障害者を特別扱いせず、他の一般の就労者と差別しないで接することです。仕事でミスをすれば指導し、同じことを繰り返さないよう注意もします。板橋センターで今回の実習を通じて雇用した人たちは、すでになくてはならない戦力となっています。彼らが一生懸命仕事をしている姿を見て、社員もよい刺激を受けています。そして私自身も仕事が忙しくイライラしているときなど、彼らの仕事ぶりを見ることでこれではいけないと我に返ることもあります。本当に彼らから力をもらっているといえます。

Tさんが板橋センターから巣立ち、他企業で活躍されるようになったのは、施設外職場体験実習を受け入れてからはじめてのことでした。現在は４人のメンバーがここから巣立ち、社会復帰の一環として一生懸命仕事に励んでいます。このようにコープとうきょう以外へと巣立つメンバーをみると、施設外職場体験実習を受け入れてよかったと思えます。今後一人でも多くのメンバーが巣立ち活躍することを微力ながら応援していきたいと思っています。

・インタビュー・

株式会社永坂更科布屋太兵衛総務部

美頭　智さんに聞く

＊コープとうきょうでの職場体験実習を利用した精神障害をもつKさんを雇用した、江戸時代創業の老舗蕎麦店「永坂更科布屋太兵衛」さん。企業の立場から、感想をうかがいました。

◇今回が初の障害者雇用とうかがっていますが？

ハローワークでの障害者雇用状況報告書を作成するにあたり、弊社の会社規模に応じた障害者雇用の必要に迫られました。障害者雇用の改善をするために研修会などにも参加し、実際に障害者の方をみても健常者となんら変わりなく働いているところを見ますと、弊社でも大丈夫かなと考えられるようになっていきました。

ハローワークからＪＨＣ板橋会の紹介をいただき、プロデュース道を見学しました。福祉施設で障害者を支援している方と話をすることで、障害者の採用の抵抗といいますか、不安が取り除かれていきました。実際にコープとうきょうで障害者の方が働いているところを見学させていただき、センター長さんとお話しし、採用できるのではないかという思いになりました。

◈精神障害をもつKさんを受け入れてみて、会社の方の感想はいかがでしょうか？　またKさんの仕事ぶりは、どうですか？

事前に障害者の方の働いているところを見ていたので、特に構えて受け入れることもなく、スムーズに仕事に就いてもらえたと思います。また、受け入れ当初からワーキング・トライのスタッフにもジョブコーチに来ていただいて、仕事の進め具合もうまくできたと思います。Kさんには倉庫のバックヤードの仕事に就いてもらっていますが、一つひとつていねいに進めていくほうなので、弊社での作業には必要な人になっています。

◈今後の障害者雇用の取り組みの予定は？

会社の規模に応じて障害者の雇用は必要になっている現状をふまえると、弊社も社会的責任を負わなければいけないと思っています。

第4章　企業で働き続ける支援を～就職から定着まで～

ＪＨＣ板橋会　障害者就業・生活支援センターワーキング・トライ　清家　政江

一般企業に就職したのち、職業人として自立し、就労を継続させていく支援をしてくれるのが障害者就業・生活支援センターです。「プロデュース道」は、企業と雇用契約になると利用終了となります。そこで、企業実習に出る頃には障害者就業・生活支援センター「ワーキング・トライ」に登録し、トレーニング、求職活動から定着支援まで、支援を受けています。

1．障害者就業・生活支援センター「ワーキング・トライ」

(1) 福祉就労から一般就労へ

２００２（平成14）年5月に障害者雇用促進法の一部改正により障害者就業・生活支援センターが誕生しました。ＪＨＣ板橋会では法改正と同時に厚生労働省より委託を受け、障害者就業・生活支援センター「ワーキング・トライ」を開設しました。

障害者就業・生活支援センターは障害の種別は問わず、すべての障害者を対象としていますが、

障害者就業・生活支援センター

就職を希望する障害者や在職中の障害者の身近な地域で雇用・保健・福祉・教育等の関係機関等と連携を図りながら、障害者の職業生活における自立と安定を図る目的で就業面、生活面の両面から一体的かつ総合的な支援を行うセンターである。

2009（平成 21）年 4 月現在全国に 246 センター設置されている。

障害者雇用率制度

従業員数に対して定められた割合（民間企業では 1.8 パーセント、国、地方公共団体、特殊法人等 2.1 パーセント、都道府県等の教育委員会 2.0 パーセント）に相当する数以上の身体障害者または知的障害者を雇用しなければならないとされている。精神障害者は雇用義務の対象とはなっていないものの、2006（平成 18）年の障害者雇用促進法の一部改正にともない精神障害者保健福祉手帳の交付を受けている者が雇用率を計算する際の算定対象となった。週所定労働時間が 30 時間以上の者を 1 人分として算定されるが、精神障害者はその障害特性上、長時間勤務が困難な場合もあることから、週所定労働時間が 20 時間以上 30 時間未満の短時間労働者も 0.5 人分として算定される。

ワーキング・トライは母体となる法人がＪＨＣ板橋会のため、利用者のほとんどが精神障害者です。開設当時、精神障害者が利用できる雇用支援施策は少なく、障害者雇用率制度の算定対象からも除外されていました。就労を目指す精神障害者にとって非常にきびしい時代でした。しかし、一般企業で働きたいと希望する精神障害者は多く、ワーキング・トライには多くの人が相談に訪れ、それは現在も変わりません。若くして発病し働く体験のないまま過ごしている人、働いた経験はあっても働かずにいた期間の長い人、発病しその後仕事を転々としている人、デイケアや作業所、授産施設で同じ障害をもった仲間と活動する機会をもち、就労に向けて準備をしている人など、さまざまな状況の人が相談に訪れます。利用者の「働きたい」「働き続けたい」という意欲をかなえる活動を通して、利用者一人ひとりとしっかり向き合うこと、そして、私たち支援者も一般就労の場である企業について学ぶことの大切さを実感しました。利用者を送り出す企業がどんなところか、企業はどんな人材を求めているのか、どんな仕事があるのかなど……。

ＪＨＣ板橋会は、法人設立とともに理事となった株式会社三修の前社長奥義之氏のすすめもあり、サービス業として東京中小企業家同友会板橋支部の会員となりました。ワーキング・トライはその部会に積極的に出席していきました。企業の文化を学ぶと同時に働くことを希望している精神障害者が大勢いること、そして、一般就労する前の実習の場を提供してほしいことを伝えていきました。そのような取り組みから、障害者と企業の交流会を開き、やがて実習の場を提供する企業があらわれ、福祉施設から企業への道が開かれていきました。企業実習を行うことで施設の中では気づくことのできなかった、自分自身の強みを知ることもできましたが、課題にも直面していきました。自分自身の強みを企業の人から評価されることは大きな喜びでしたが、課題について指摘されることはつらいものでもありました。しかし、企業人の率直な言葉は「この課題を乗り越えていけば就労できる」という言葉として利用者に届いていきました。ワーキング・トライも利用者とともに企業からの言葉を真摯に受けとめ、利用者を励まし一般就労を目指していきました。実習の場が広がっていくとともに障害を伝えて就労していく人が増えていきました。そういったなか、就職することだけがゴールではなく、働き続けていくことの大切さと大変さを痛感しました。働くことは生活の一部です。その生活は一人ひとりの人生そのものです。その人生の一部分をともに歩み、支えていくことがワーキング・トライの役割となります。

2. ワーキング・トライの支援について〜就職から定着まで〜

ワーキング・トライでは、以下のような流れで支援を行っています。

①申し込み・問い合わせ・相談

まずは、「働きたい」という動機を確認します。働くのはあくまでも本人です。自分自身の気持ちに「働きたい」という思いがないとステップを踏んでいけません。

本人の気持ちを確認しながら、ワーキング・トライの支援について、ていねいに説明を行いま

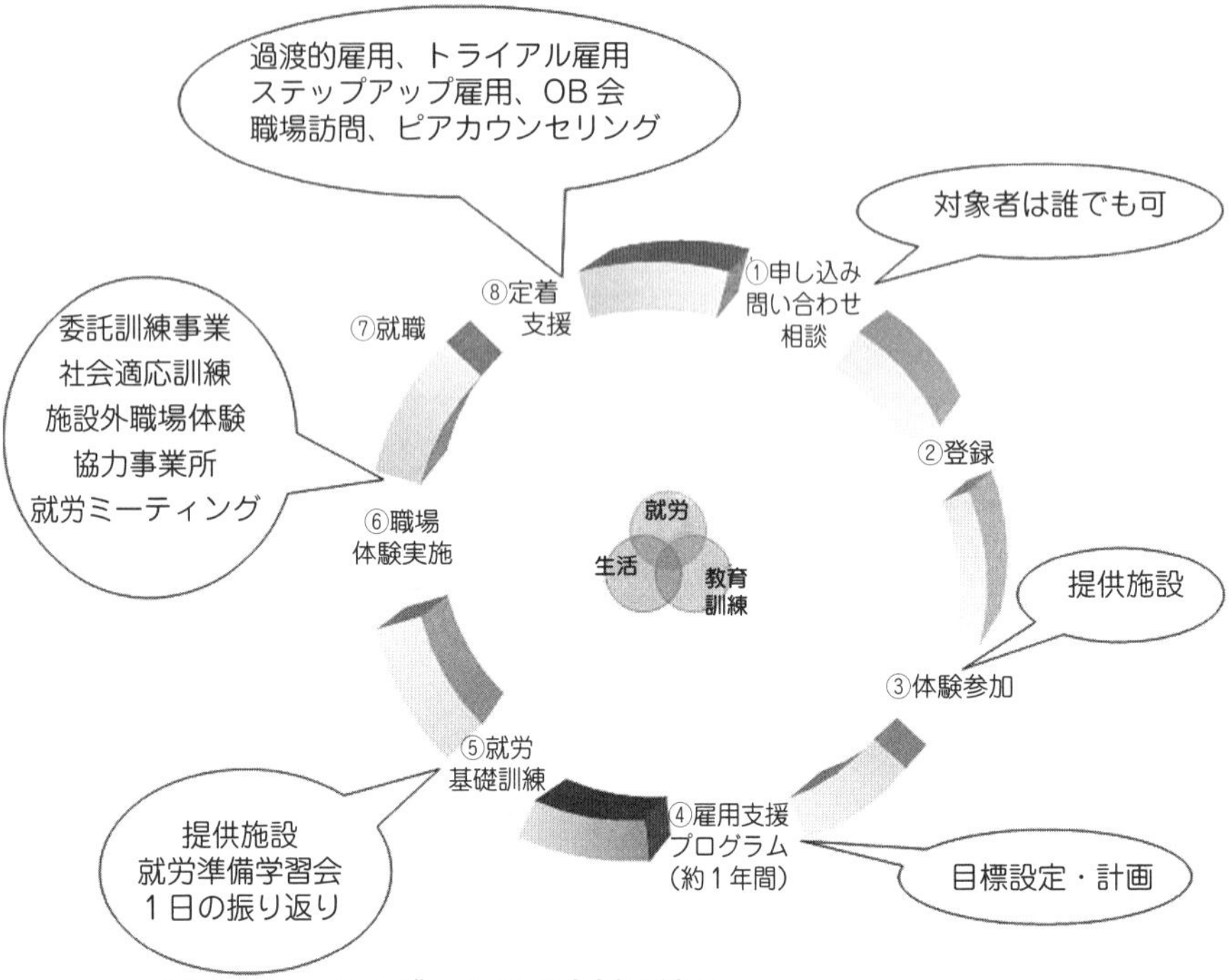

図1　ワーキング・トライ支援の流れ

す。

②登録

初回面接でワーキング・トライの支援の説明を受けて、納得したうえで利用希望であれば登録となります。登録後の面接では職歴、病歴、生活歴について詳しく話を聞きます。

③体験参加

相談に来る人の中には発病前の自分自身のイメージのまま、「以前フルタイムで働いていたので今でもフルタイムで働ける。すぐに就職したい」と希望する人がいます。しかし、まず自分自身は働ける状態なのかどうか、具体的な作業の現場である提携施設プロデュース道の就労準備訓練の場に参加し、働くうえでの基本ができているかを確認していきます。

たとえば、心と身体の健康管理はできているか。遅刻をしないで来ることができたか。挨拶、返事ははっきりとできたか。指示をもらったとき、言葉で返すことができたか。仕事がわからないとき近くの人にたずねることができたか。指示された仕事が終了したとき報告できたかなどについて、１日の体験が終了したあとチェックリストをもとに、自己チェックを行います。具体的活動を行い自分自身で一つひとつチェックをしていくと、自分自身の強みと課題が見えてきます。

④雇用支援プログラムの作成

体験参加で確認したことをもとに、本人の希望、ワーキング・トライからの提案をすり合わせながら就労に向けての計画を立てます。

⑤就労基礎訓練

働くうえでの基本に課題があれば、就労基礎訓練が必要になります。自分自身の課題に取り組める施設を探し、そこで課題に向き合います。定期的な振り返りの場をもち、次のステップへと進めていきます。

プロデュース道と共同企画で行っている就労準備学習会では、ワーキング・トライを利用し、一般就労していった仲間の体験談や就労に向けての制度、ハローワークや職業センターの利用についての説明、また、企業見学などを通じてさまざまなことを学んでいます。

⑥職場実習

就労基礎訓練においてできていたことが、企業の現場でもできるか否かの確認を行います。委託訓練事業、社会適応訓練事業、都庁・区役所実習、過渡的雇用などの制度や協力事業所を利用し社会への一歩を踏み出します。

実習においても、利用者、企業、支援者の三者で振り返りを行い、実習を行っての感想、企業からの評価を聞き、今後へとつなげていきます。職場体験実習は1か所だけではなく複数の企業で実習を行うこともあります。

また、毎週木曜日には「就労ミーティング」と呼ばれるグループミーティングを行っています。ここでは職場実習を行っているメンバーが集まり、現場であったことを振り返り、課題があればSSTを取り入れ皆で解決策を考えます。

⑦**就職**

基礎訓練、職場実習を通していろいろな体験を行い、自分自身を振り返ります。そうすることで、これまで漠然と「働きたい」とだけ考えていたことが、職種、1日の労働時間、1週間の労働日数、通勤など、具体的に働くための条件として見えてきます。それをもとに、自己紹介状やプロフィール表を作成し、ハローワークを利用して求職活動を行います。「やりたい仕事」「できる仕事」「やらせてもらえる仕事」の中から、現状の自分自身に無理なくできる仕事を選ぶことができます。

障害者試行雇用（トライアル雇用）事業、精神障害者ステップアップ雇用などを利用することで、企業も障害者も無理のない一歩を踏み出すことができます。

⑧定着支援

職場で能力を発揮し、周囲とよい関係を保ちながら、頼りにされる存在として職業生活を送ることで定着がより促進されます。しかし、職場は日々変化に富み、ストレスがかかる場でもあります。ですから、就労後も支援の継続が必要となります。利用者や企業からの相談、職場訪問、ジョブコーチ支援などを利用し、利用者も企業も自分だけで抱え込まず困ったときにはみんなで相談しながら、問題解決の糸口を見つけていきます。問題が起きたときばかりでなく、契約更新時など就職してからも定期的な振り返りの場をもっています。

また、毎月第1土曜日の午後「ＯＢ会」と呼ばれるグループミーティングを行っています。ここでは企業で、働く仲間が集まり1か月の仕事や生活の振り返りを行い、困ったこと、不安なことについて仲間同士でアドバイスし合っています。

就労準備学習会、就労ミーティング、ＯＢ会は仲間同士の相互支援「ピアサポート」をベースにした支援です。就労したいと訓練を行っている利用者や働き続けたいと希望している利用者がともにいろいろな経験を分かち合い、学び合い、助け合いながら解決方法を見つけ、自分自身を振り返り次への一歩につなげています。

ワーキング・トライでは、相談から定着支援までの流れの中で利用者の希望を大切にしています。利用者本人がやってみたいというところから支援をスタートさせます。そのなかで振り返りを行い、一つひとつ確認しながら進めています。行きつ戻りつしながら、職業人としての等身大の自分自身を受け入れていく作業となります。

3. ワーキング・トライはコーディネート機関

障害者就業・生活支援センターは関係機関の連携の拠点です。ワーキング・トライでは利用者一人ひとりに合わせて、必要な機関、制度をつなぎ合わせるコーディネーターとして、活動を行っています（図2参照）。各地域にある保健所では保健師が相談相手となります。疾病や障害について、また、すぐに就労ではなく施設での訓練が必要なときなどには、利用者の暮らす地域にどんな施設があるのかといった情報提供を行ってくれます。就職活動ではハローワークに行くと多くの求

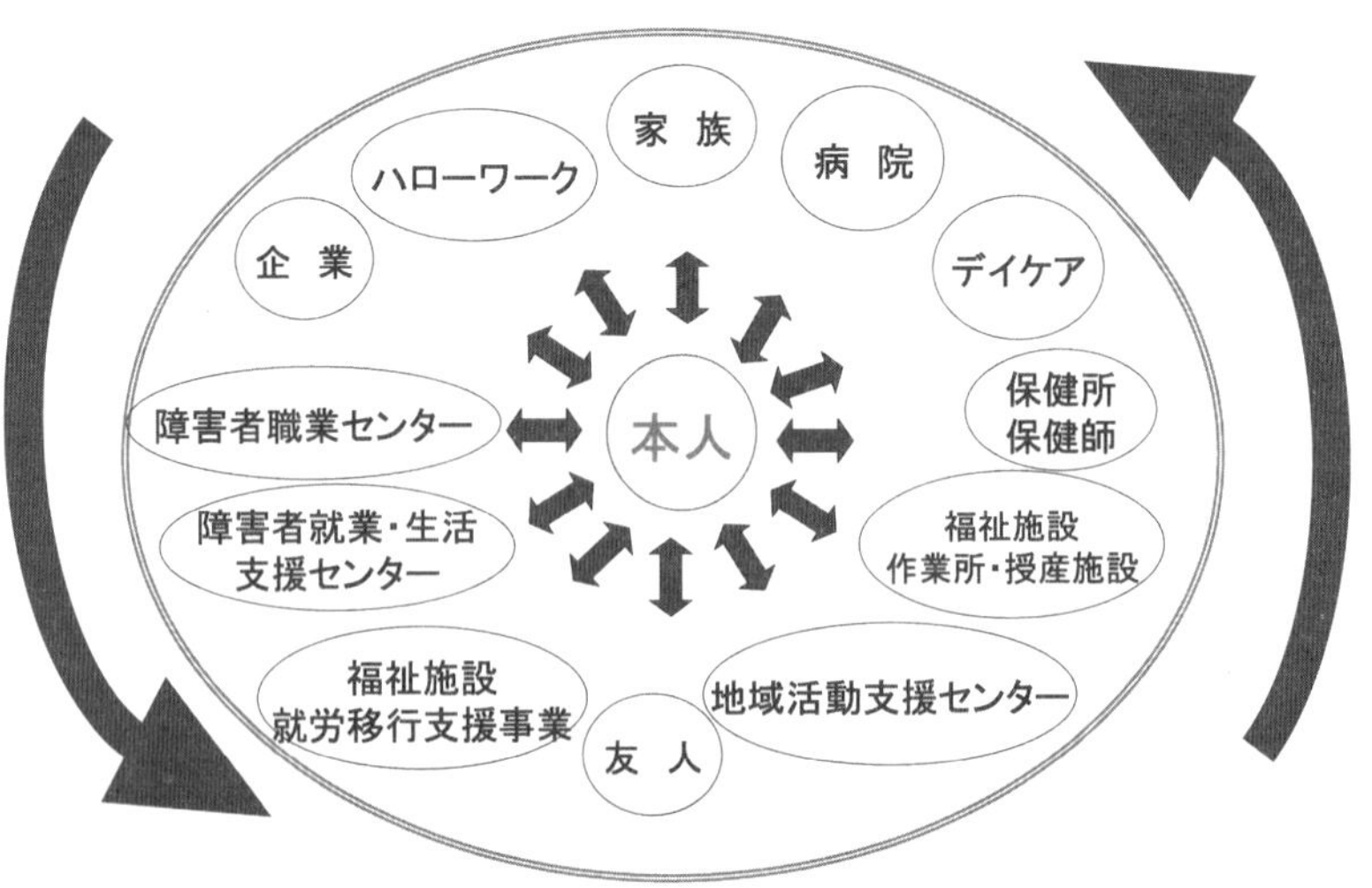

図2　働く障害者を取り巻くネットワーク

人情報を提供してくれます。また、求人情報だけでなく、職業相談員や、精神障害者サポーターや企業の窓口となっている雇用指導官などハローワークにも心強い相談相手がいます。地域障害者職業センターには職業カウンセラーやジョブコーチがいます。実習を行うに際しては、委託訓練事業や社会適応訓練事業や都庁・区役所実習が、雇用に関してはトライアル雇用や精神障害者ステップアップ雇用制度などがあります。

利用者一人ひとりに合わせていろいろな支援機関につなぎ、タイミングよく制度を使っていきます。しかし、利用者と機関をつなぎ合わせる、制度を利用するということでなく、利用者自身が知り合った機関の人たちとよい関係を構築し、課題に出会ったとき誰とどのようにやりとりをしていけば解決できるのかを支援の中で培っていくことも大切にしています。

4. 施設外職場体験実習を通して

ワーキング・トライの支援で大切にしていることは、前述したように施設や企業現場で具体的な体験を行いながら自分自身を振り返り、現状の自分を確認していくことです。とりわけ企業現場での体験は、働くことが自分にとって可能なのかどうかを確認する大きなチャンスになります。施設外職場体験実習は施設での訓練と企業実習の中間にあり、自分の課題について3～6か月の間、じっくり向き合い、克服に向けて取り組むことのできる場になっています。企業と福祉施設の取り組みは、就労支援機関であるワーキング・トライにとっても喜ばしく、この事業スタート時より協力体制を取ってきました。

この施設外職場体験実習利用者は全員ワーキング・トライ利用者でかつ下記にあたる人たちです。

- 何度か一般就労にチャレンジしてみたが、うまくいかず訓練を希望する人
- いきなり企業での実習には自信がないので、企業現場ではあっても仲間やスタッフがいるので安心して取り組めると希望する人
- 事務職を希望しているが、自分自身が無理なく取り組めるところからスタートしてみようという人
- 就職するために訓練をして巣立っていく人たちのいるところで、課題に取り組んでみようという人

このように、それぞれの施設外職場体験実習の利用への動機はさまざまですが、企業現場の中で仲間や職員に支えられながら自身の強みと課題を確認し、職業人としての自分と向き合っていきます。そしてこの3年間で9人が一般就労しています。

たとえば、仕事上で困ったこと、悩んでいることなどを上司に相談することができず、悩みを抱え込んでしまうAさん。Aさんは、仲間のやり取りの様子を見たり、仲間から具体的なアドバイスをもらったり、仲間を鏡にしながらどうすればよいのかと現場の中で解決してきました。現在は事務補助の仕事に就き約2年が経過しています。悩んだり、困ったときには上司に相談できるようになった

り、また主治医やワーキング・トライに相談したり、毎月のＯＢ会にも参加しています。

事務職で就職を希望されていたＢさん。コミュニケーションも良好で、作業に関しても一つひとつていねいに行っていますが、慣れた作業にもかかわらず時折ミスを繰り返していました。施設外職場体験実習と並行し障害者職業センターでの職業評価を受け、あらためて自身の課題の確認を行いました。評価やカウンセラーとのやり取りの中から、疲れを認識することができず、がんばって作業をするなかでミスが出てしまうことが見えてきました。意識して休憩をとったりすることが大切なＢさんでした。Ｂさんは、そろそろ一般就労というときに障害者職業センターから情報提供のあった企業で、仕事に挑戦することにしました。事務職ではありませんでしたが、施設外職場体験実習で多くの商品の仕分けを行う仕事を通して、商品管理の仕事に自信をもつことができました。また、この１年間、寒い冬も暑い夏も、無遅刻、無欠勤で働き続けることができました。そして、採用前に２週間ほど実習を行ったところ、この仕事であれば企業の募集要件とする月曜〜金曜日まで、１日６時間週30時間の勤務であっても無理なくやっていけると、これまでの体験から確認できました。現在トライアル雇用として採用され約２か月が経過しています。毎週金曜日には仕事帰りにワーキング・トライに立ち寄って近況を報告しています。Ｂさんは、仕事の流れも覚え充実した毎日を送っていると話しています。ジョブコーチや、職場からも、安定して働いているとよい評価を得ています。

他の利用者も自身の課題について、実習の中で確認し乗り越え、次のステップに進んでいます。

ワーキング・トライは今後も利用者の「働きたい」「働き続けたい」という願いをかなえる支援を

行っていきたいと思います。

第4部

誰もが支え合い、社会の責任を分かちもつ

第1章　行政の役割

板橋区福祉部長　**松浦　勉**

1．はじめに

わが国の障害者福祉行政をめぐるここ数年の動きは、障害者自立支援法の制定・施行・見直しを中心に展開しており、当事者・関係団体・事業者・学界・自治体を問わず、混乱と模索が続いてきました。なかでも、障害者の就労支援は自立支援法の中でも目玉とされ、抜本的な強化のためさまざまな取り組みがなされていますが、最近の世界的不況による企業業績悪化もあり、先行きには不透明さも漂っています。

板橋区は、福祉部（障がい者福祉課・障がい者施設課）を中心として障害者福祉の計画的な推進を図っており、２００７（平成19）年に当事者をはじめ区民の参加で策定した「板橋区障がい福祉計画」は、２００９（平成21）年から第２期計画期間に入り、必要な予算の措置を図りながら、サービスの確保、事業の拡充、施設の整備、地域連携の拡大などに取り組んでいます。

2. 板橋区の障害者就労支援における取り組みの現状

(1)「障がい福祉計画」における位置づけ

「板橋区障がい福祉計画（第2期）」においても、就労の支援は大きな目玉とされ、その課題と取り組みの方向性が示されています。課題としては、地域や事業者の理解があげられ、障害者雇用率などの制度や既存の社会資源の活用、関係機関の連携などに取り組むなかで、２００７（平成19）年に定めた「板橋区就労支援方針」に基づく総合的な支援に努めていくものとしています。

板橋区の取り組みの具体例としては、区役所内の障害者自主生産品などの販売場所の設置（平成20年4月～）に加え、高島平駅構内での販売場所の設置（21年12月開設）をあげ、また、区役所内で知的障害者を臨時職員として雇用する計画を示しています。

精神障害者の支援については、ＪＨＣ板橋会運営のクラブハウスなど既存の施設を継続的に支援するほか、共同作業所や小規模通所授産施設の新体系への移行を支援・誘導するほか、ホームヘルプの拡充、グループホーム・ケアホームの増設、こころの健康サポーター養成などをあげ、具体的に支援の充実を打ち出しています。

（２）「板橋区障がい者就労支援方針」

自立支援法の制定、障害者雇用促進法の改正を受け、板橋区福祉部は２００６（平成18）年11月から健康生きがい部（保健所）、ＪＨＣ板橋会、板橋区障害者就労援助事業団（愛称ハートワーク）との連携で、「障がい者就労支援方針策定プロジェクトチーム」を立ち上げ、就労支援に関する現状と課題を分析しつつ検討を重ねた結果、25項目に及ぶ具体的な取り組みを含む「板橋区障がい者就労支援方針」を決定しました。

この指針は、「障がい者が働くことを通して生きがいを実感し、生活の質を高めることができるよう、可能な限り企業等で働く機会を広げるなど、安心して働き続けられるための支援策」を基本的指針とし、障がい福祉計画と連動して10年程度の期間に区が取り組むべき具体的なあり方などをまとめたものです。

おもな施策の方向性と取り組みを紹介すると、①「就労相談・職業紹介・定着支援の充実」として、ハートワークの体制強化やジョブコーチ制度の活用、②「協力企業等の拡大」として、産業団体への協力要請、区役所就労の検討、③「福祉的就労から一般就労への移行の促進」として、企業内通所授産事業推進、地域開拓コーディネーターの配置、④「ＮＰＯ等民間団体との連携」として、就労講座の開催、区内大学等との共同研究など、⑤「就労訓練の拡充」として、区役所就労体験の拡充、過渡的雇用の実施など、⑥「官公需による受注機会の拡充」として、区立福祉園等への官公需発注の拡大、⑦「関連機関ネットワークの強化」として、ネットワーク会議の開催、養護学校（現特別支援学校）との連携など盛りだくさんです。

区では、これらの取り組みを実効あるものにするため、検討組織を立ち上げつつ、順次予算に反映させながら指針の実現を図っており、障害者理解の促進などと併せ、今後継続的な努力を組織的に行っていきます。

（3）板橋区障害者就労援助事業団（ハートワーク）

1995（平成7）年に板橋区が設立した板橋区障害者就労援助事業団（理事長は区副区長）は、これまでに900人の障害者から就労相談を受け、348人の就労実績をあげてきました。就労の内訳は、知的障害者78％、身体障害者18％、精神障害者4％となっています。直近の3年間を見ると就労者数が着実に増加しています。特に精神の増加が著しく、これは自立支援法施行とも軌を一にしています。組織・体制は、法人格のない任意団体で、職員は常勤1人、非常勤5人であり、需要の増加に追いついていないのが現状です。前記の障がい福祉計画と就労支援方針にも、事業団の体制強化が課題とされており、法人等への委託を含め、あり方の見直しを検討中です。

なお、事業団では年2回連絡協議会を開催し、事業団への意見聴取、連携に向けた協議や情報交換を行っています。メンバーは、障害者職業センター、ハローワーク、都心障センター、都産業労働局、プリプレストッパン、JHC板橋会、区立福祉園、区社協、区福祉部であり、毎回活発な意見交換が行われ、個別事業の調整円滑化にも効果をあげています。

3．精神障害者への就労支援

ここでは、板橋区の特色であるＪＨＣ板橋会との連携による精神障害者の就労支援についてふれます。ＪＨＣ板橋会の就労支援では、都内５か所の障害者就業・生活支援センターの１つ「ワーキング・トライ」と国内初のクラブハウス「サンマリーナ」が、ユニークな取り組みである過渡的雇用を通じた着実な成果を積み重ねています。その相互支援を基軸にした活動の継続は、２００７（平成19）年12月には第４回精神障害者自立支援活動賞（リリー賞）に輝くなど各方面から高く評価されており、板橋区としても全国に誇れる活動として、「福祉の板橋」のイメージをさらに高めていただいているものと賞賛し感謝しています。

「過渡的雇用」は、クラブハウスが独自に開発した就労支援形態であり、契約先の一般企業で職員や先輩メンバーのジョブコーチと一緒に働く体験就労といえるものです。スタッフが、障害者の「働きたい」という思いを共有し、理解のある企業の協力のもと実績を重ねた無理のないプログラムで、「やってみよう」という気持ちを引き出しながら、ミーティングなどでのメンバー同士の励ましと助け合いを大きな力として自立への一歩を踏み出します。まことに行き届いたあたたかいシステムと高く評価できます。

4．むすび

限られた字数の中で、障害者、特に精神障害者の就労における行政（区）の役割について述べてきましたが、大切なことは当事者の立場・思い・ニーズに対し、それをとりまく資源やシステムが連携して最大限の効果を発揮することであり、何よりもそのシステムをつくり動かしていくのは「人」だということです。

組織の固いガードに守られ、法律・制度・予算・前例などの制約にがんじがらめで庶民の思いから離れた仕事をしている、という行政に対する悪印象は、年々変わってきていると信じたいところです。特に現場に近い最前線の福祉行政に携わるわれわれ区の関係職員は、現場や当事者とじかに接するなかでコミュニケーションを大切にし、その声を施策に迅速かつ着実に生かしていく努力を続けています。そのことが、「人」を通したネットワーク活用と併せ、信頼関係に基づくパートナーシップの向上につながるものとあらためて認識をし、この稿の結びとします。

第2章 企業による精神障害者の就労支援のパイオニア

精神障害者が障害者雇用促進法における法定雇用率の対象ではない時代も、社会適応訓練事業の協力企業など、精神障害者の一般就労の支援は支えられてきました。

今回のコープとうきょうでの職場体験実習の実践は、ＪＨＣ板橋会のこれまでの「援助付き雇用」や「過渡的雇用」での経験の蓄積、また厚生労働省の「グループ就労」実践に学ぶことによって実現できました。それは、未知の経験である精神障害者の受け入れに踏み切ってくださった企業の〝開拓者精神〟なしにはありえなかったことです。

ここでは１９９９（平成11）年から、社会福祉法人ＪＨＣ板橋会「クラブハウス　サン・マリーナ」の過渡的雇用の協力事業所として連携している「東京青山・青木・狛法律事務所　ベーカー＆マッケンジー　外国法事務弁護士事務所」と、２００２（平成14）年厚生労働省の「グループ就労モデル事業」を実施し、現在も精神障害者の職場体験実習、雇用の受け入れを積極的に行っている株式会社いなげやの取り組みを紹介します。

1．株式会社いなげやと精神障害者雇用

株式会社いなげや　人事本部リーダー　石川　誠

株式会社いなげやの創業は1900（明治33）年で、立川駅前に鮮魚商「稲毛屋」としてスタートしました。1956（昭和31）年には、都下で最初にセルフサービス方式を採用したスーパーマーケットを開設し、2009（平成21）年5月現在、東京、埼玉、神奈川、千葉の1都3県に128店舗を展開しています。JHC板橋会の周辺には板橋小豆沢店、和光新倉店などがあります。現在、社員1826人、パート・アルバイト7906人のうち障害者は130人。精神障害をもつ人は45人（統合失調症38人、気分障害6人、人格障害1人）で、店舗、物流センター、本社の30か所の事業所に就労しています。雇用形態は、パートナー社員（週14～35時間勤務のパートタイム社員）と嘱託社員で短時間勤務の人が多いのが特徴です。

板橋小豆沢店の外観

(1) 精神障害者雇用のきっかけ

2001（平成13）年より、厚生労働省の精神障害者の雇用就労施策事業として「グループ就労モデル事業」（以下、グループ就労）

が全国で3か所（千葉・東京・福岡）実施され、翌年、その事業の1つを当社が引き受けたのが、精神障害者雇用の最初のきっかけでした。2002（平成14）年5月頃、特別支援学校を中心に知的障害者を積極的に受け入れていた当社に対して、地元立川ハローワークと東京障害者職業センター多摩支所から事業への協力の働きかけがありました。当時の「グループ就労」推進役、多摩支所の有澤所長（現、東京障害者職業センター次長）によれば、①当社がパート社員を多く雇用し短時間から働くことができる職場であること。②障害のある人もグループで働く心強さと、施設のスタッフが付き添う安心感で、安定した就労が見込める。以上の2点に注目し、当社を指名されたようです。ただ正直なところ、はじめて統合失調症（当時は精神分裂病）という言葉を耳にしたときの第一印象は、けして好ましいものではありませんでした。たまたまその1か月ほど前に精神障害者が起こした傷害事件のイメージもあり、「できることならお断りしたい」というのが本音でした。事実、当時人事課長だった私は、まず、どこの職場で受け入れようかと悩みました。先の事件が同じチェーンストア

グループ就労モデル事業（2002.7/1 ～ 03.1/15）

精肉加工センターにて半年間ジョブコーチが支援し
請負契約の形で６人が就労訓練

↓

請負契約終了後
パートナー社員として雇用
精肉加工センター３人　ベーカリーセンター１人

図１　精神障害者雇用のきっかけ

のフードコート内で起こったこともあり「まず、お客様対応をともなう店舗では無理だな」と感じ、まとまった人数の受け入れが可能な物流センターに白羽の矢を立てました。しかし、最初に打診した鮮魚センターでは、「仕事を用意できないし、何より包丁を使うから不安」と引き受けてもらえませんでした。今となっては恥ずかしいことですが、当時はそのような現場の対応に、それが先入観や偏見に過ぎないことを説明するすべが、私にはありませんでした。当然、調整は難航しハローワークに返事もしないまま1か月が過ぎました。

(2) 精肉加工センターでの「グループ就労」

最終的に「グループ就労」は、武蔵村山市にある当社の物流部門の精肉加工センターで受け入れることとなりました。調整で右往左往している私の様子を見かねて、精肉センターの責任者が「最近こっちもパートナーが高齢化している。若い人たちが入ってくれれば活気が出るよね」と助け舟を出してくれたのでした。

「グループ就労」の支援施設（委託機関）は東京都国立市の社会福祉法人多摩棕櫚亭協会・地域生活支援センター「なびい」（現在は同協会の就業・生活支援センターオープナー）であり、ジョブコーチの派遣や精神障害者に対する情報提供など、熱心な支援体制がとられていました。精神に障害のある人たちとはじめて接する精肉センターの従業員にとっても、障害者をよく知るジョブコーチが同行することは、職場での戸惑いを払拭できるという大きなメリットがありました。当初は雇用でなく、国の モデル事業への協力ということで社内の了解を取りつけ、2002(平成14)年7月に「なびい」登録者である男性5人のメンバーによる「グループ就労」がスタートしました。

精肉センターは当社各店舗で販売する約400種にのぼるステーキや焼肉などの牛・豚・鶏肉類を商品としてトレーに盛りつけ、パックし、毎日2回、各店舗に向けて発送する、いわば精肉加工工場です。「グループ就労」に割りあてた作業は、ブロック肉を直径30センチの丸刃が高速回転するスライサーを使ってカットし、スライス、切り落とし、しゃぶしゃぶ肉としてトレーに盛りつける作業。しかも朝7時からの勤務で、メンバーにとっては体力的にもきつく、熟練を要するため不安も大きい作業でした。センターの責任者からは「はじめから店に出せるレベルの商品化は無理だろうから、はじめの2か月はすべて廃棄するつもりで我慢しましょう」と言われ、まず、できばえより安全を第一におそるおそるスタートしました。しかし実際にふたを開けてみると、メンバーも、施設のジョブコーチもきわめて熱心で、まさに「案ずるより産むが易し」。遅刻、早退、欠勤もいっさいなく3週間ほどで商品として出荷できるようにもなりました。そして、その真面目な働きぶりに現場の従業員も一目おくようになり、最初の3か月の訓練が終わる頃には、逆に職場から「訓練だけじゃなく、パートナー社員として働いてもらったら」という思いがけない話も出て、メンバーのうちの1人がパートナー社員として2002年11月に雇用されることになりました。当社にとって精神障害者雇用の第1号となったそのパートナー社員は、現在も継続勤務し、職場になくてはならない貴重な戦力となっています。その後、多忙な年末も乗り切り、6か月間のグループ就労の終わる1月初旬には、逆

現在ではパートナー社員として貴重な戦力

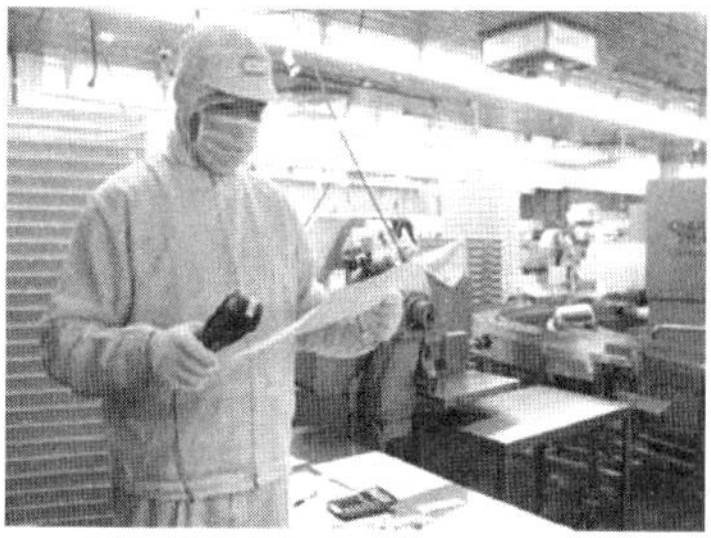

に職場から「訓練で終わらせるのではなく、もっと続けて働いてもらったら」との話も出て、最終的にメンバー6人のうち4人がパートナー社員として雇用されることになりました（図1参照）。「グループ就労」は雇用予約のないモデル事業としてスタートしましたが、結果的には雇用に結びつき、しかも精神障害者に対する負のイメージを払拭できたことで、以降の店舗での雇用につながっていきました。

(3) 現場でのコミュニケーション

企業就労に際して、精神障害者には対人関係やコミュニケーションに苦手意識をもっている人が多いようです。実際「グループ就労」の初日のオリエンテーション時にも、メンバーから私に「休憩時間中にどのような話をしたらよいのでしょうか?」「親ほどの年齢の開きがあるパートナーさんとコミュニケーションをとるのは苦手です。何か秘訣はありませんか?」などといった質問が出ました。そのとき私は、新卒の新入社員研修でもアドバイスしていることを、ていねいに伝えました。①まず、与えられた作業指示を責任もってやり遂げる姿勢が大切。パートナーさんはメンバーの仕事ぶりをよく見ている。②休憩時間はゆっくり休むことに専念し、あなたからひと言も話をしなくてよい。③パートナーさんとの挨拶は大切だが、まずオリエンテーションで学んだとおりの挨拶をメンバー同士で実践する。④①を実践すれば必ずパートナーから話しかけてくれる。そのときは、積極的傾聴を心がけること。そして、積極的傾聴の具体的内容も交えて説明しました。

訓練開始3週間後のことです。ふと、精肉センターの休憩室に立ち寄ると、にぎやかな笑い声とともにテーブルいっぱいに広がるお菓子、メンバーとパートナーさんの明るい笑顔が目にとまりました。そんな様子から、これまでの3週間、メンバーが私のアドバイスを素直に受け入れ、実行してくれたことが実感され、うれしさがこみあげてきました。同時に、「グループ就労」への確かな手ごたえと、その後の私自身の精神障害者雇用のヒントをつかむことができたのでした。

（4）就労形態と職務内容

２００９年現在、45人の精神障害者のうち、前述の精肉センターと本社以外の就労者43人は店舗業務に従事しています。部門は一般食品雑貨24人、青果10人、ベーカリー5人、鮮魚・精肉各2人。労働形態は1日3.5～7時間、週4～5日勤務で週14～35時間の契約です。約3か月半の試用期間修了後ユニオンショップで労働組合に自動加入。現在、週20時間働く精神障害者は障害者雇用率の算入の対象となっていますが、当社では雇用に際して精神保健福祉手帳の所持の有無や週20時間以上の契約に

1. 個別に面談し相互理解を高める ※採用のポイント 1）お客様を意識できること 2）1人でも安全に作業ができること 3）トレーニングを通じて作業習熟（上達）が見込めること 4）体調が安定していること 2. 現場主義で準備、行動する ※オリエンテーションをていねいに行う ※既存のトレーニングツールを活用する 3. 障害者支援制度を十分に活用する ※ジョブコーチ、トライアル雇用、社会適応訓練事業、委託訓練事業、リワークプログラム、職務施行試行法に係わる実習受け入れ

表1　採用・就労のポイント

はこだわっていません。特に、就労当初は、体力や生活リズムとのバランスを慎重に見極める必要があり、施設スタッフや主治医ともよく相談しながら決定し、あえて短時間からスタートするケースも多くなっています。

(5) 採用・就労のポイント

精神障害者を雇用する際は、必ず個別に面談して、①お客様を意識できること、②1人でも安全に作業ができること、③トレーニングを通じて作業習熟が見込めること、④体調が安定していること、以上の4点をあらかじめ支援者にも伝え、就労後のミスマッチが生じないよう留意しています。

また、各種の支援制度（ジョブコーチ、トライアル雇用、委託訓練事業）は個々の状況に応じて、可能な限り活用しています（表1参照）。

(6) 就労・定着に向けて

これまでの当社での障害者雇用、定着支援に関する失敗、

～失敗・経験から学んだこと～

1. まず職場が障害回復途上者との認識をもつ。
　※先入観があることをあえて否定しない。
2. パートナー資格制度をベースに就労条件を設定し、雇用管理する。

　1）他のパートナーと処遇（時給等）は差をつけない
　2）既存のトレーニングツールを十分活用する
　3）本人の症状・体力に合わせ、労働時間を設定する
　4）就労後、契約労働時間増は柔軟に行う
　5）執務態度や身だしなみの評価基準は一切変えない

3. 職場への周知やジョブコーチ支援の判断は、本人、関係者（支援者）と十分に協議する。
4. 環境の変化（作業割り当ての変更、指導者の異動等）は慎重を期し、必ずフォローする。
5. 各職場で対処できない問題が生じた場合は、迅速かつ丁寧に対応する。
6. 対応が難しい職場(所属長)ほど蜜にコミュニケーションをとる。
7. 支援者（障害の専門家)、医師の意見をよく聴き、独断で対応しない。
8. 支援機関とは綿密に連携して問題解決にあたる

表2　就労・定着に向けて

経験から得た要点をまとめたものが表2です。当社は障害者を対象にした独自の制度をもっているわけではなく、いわゆるパートタイマーを対象にしたパートナー資格制度を弾力的に運用しています。パートナー社員は全体で約7900人で、障害者はまだまだ少数といえます。この制度は、資格があがると時給もあがる仕組みで、処遇と連動しています。この制度をベースにして、障害者に柔軟に対応させています。

導入教育のツールには小冊子「ポケットガイドブック」とDVD教材があり、作業のトレーニングツールには部門・資格（作業習熟度）別に28種類の「作業修得度確認表」を用意しています。就労時のトレーニングや雇用管理は、特にはじめが肝心なので、障害者職業生活相談員でもある人事・教育担当者が直接店舗に出向き、初日のオリエンテーションなどはゆっくり時間をかけて実施しています。

店舗実習受け入れ 5日間〜3週間、1日6時間 一般食品雑貨・青果部門　　年間 5〜10人 ※障害者職業センター、就労移行支援事業所より
社会適応訓練事業受け入れ 週2日〜4日、1日2〜3時間の就労訓練 一般食品雑貨・青果・ベーカリー部門 ※地域保健所より
就労準備学習会・就労ガイダンス事業への支援 精神障害者就労支援プログラム ※ハローワーク・地域就労・生活支援センター主催

図3　自立支援への取り組み

(7) JHC板橋会との関わり

当初は各支援機関からの紹介者の採用がほとんどでしたが、2006年頃からは、ハローワークを通した求人に対する応募者が大幅に増えています。最近では店長から精神障害者の紹介依頼もあり、今後も雇用は間違いなく増加傾向にあるといえます。当社では、雇用以外にも精神障害者の自立支援に向けた取り組みを行っています（図3参照）。

JHC板橋会とは就労準備学習会をはじめ、さまざまな取り組みを行っており、精神障害者をバックアップする頼もしいパートナーとして、われわれも全幅の信頼をおいています。精神障害者の場合、継続的な定着支援が必要となるため、JHC板橋会のように障害者の就労支援に関して専門的なノウハウをもった就労支援機関との連携は、まさに欠かせないものとなっています。今後も、精神障害者を真の〝人財〟としてとらえ、障害者の就労支援機関、保健・医療機関と協調し、より一層の雇用、育成を進めていきたいと考えています。

・インタビュー・

職業人としての誇りをもって働く

東京青山・青木・狛法律事務所・ベーカー&マッケンジー外国法事務弁護士事務所

近藤　浩弁護士に聞く

近藤浩弁護士の所属する東京青山・青木・狛法律事務所・ベーカー&マッケンジー　外国法事務弁護士事務所（スタッフ200人程度）で、ＪＨＣ板橋会のメンバー4人が働いています。毎週水曜日と金曜日、10時〜18時までの時間帯を、2交替でファクスや郵便物の仕分けを行っています。時給は850円、交通費は実費支給です。賃金は会社からメンバー本人に直接支払われます。以下の近藤弁護士へのインタビューは、「ピアメンタルヘルス34号」（1999年9月25日ＪＨＣ板橋会発行）に収録されたものを掲載しました。

◆ＩＣＣＤ（クラブハウス国際開発センター）のラルフ・ビルビィさん、高橋恭子さん（ジャーナリスト）、ＪＨＣの八木原、宗像がはじめて近藤先生にお会いしたとき、「どういう障害があるのですか？」「どこが問題なんですか？」ということを一切おっしゃらずに、「私たちが今提供できるのは、金曜日のファックスや郵便物の仕分けと配達の仕事です」とおっしゃいました。

近藤：そのときにもお話ししたのですが、なんらかの形で障害をおもちの方というのが、たとえばアメリカの法律事務所で、ごく自然な形で一人のオフィスメンバーとして働いていらっしゃる姿を、私自身が海外で仕事をした過程で何度も拝見しておりましたから、お話をうかがったときにも特別なことをするという気負いもなく、そのような方が来ていただいて、私の事務所にそのような方にふさわしいちょうどよい仕事があれば、それはもう喜んで迎えさせていただくというごく自然な気持ちであったわけです。たまたまそのときに、いくつか事務所の職種の整理をしていたわけでして、そのなかで今サン・マリーナのクラブハウスのメンバーの方にやっていただいている仕事を、たとえばパートタイムという形で誰かにやってほしいとちょうど考えていましたので、渡りに船という形でお願いした、そういうことですね。

◇メンバーの面接時に、「正確な仕事と守秘義務を心がけてください」おっしゃっていただき、私たちは職業人としての誇りをもって働く職場に出合ったと感じました。

近藤：これはですね、なんらかの形で障害をおもちの方だから特別に申し上げたわけではなくて、私はこの事務所に新しく入って来る方に必ず約束していただくことでして、いわゆるサービスを提供するプロフェッショナルとして、依頼者クライエントに対してですね、極めて高いレベルの技能を提供する、その技能の中で最も大事なものは、仕事の品質、要するに仕事が正確であること、もう一つはクライエントの秘密を厳格に守ること、これは必ず約束してもらいます。今回、ぜひサン・マリーナの方にも約束していただきたいと申しあげたわけです。

◇近藤先生が「チャリティではなく、働ける人として見ている」とおっしゃった言葉に、私たちは本当にいい職場に出合ったと勇気づけられました。

近藤：私自身はボランティアの経験はございません。私がチャリティでやらせていただいているわけではないと申し上げたのは、特に過渡的雇用をやる方というのは、いわゆるこのような仕事の環境で一人の職業人として、ごく自然にほかの方と働いていただく。逆に言うとそういう方もちゃんと組織の中で役割を果たして義務をきちんと果たしてそれなりの責任を果たしていただく。あるいは提供していただいたサービスに対してきちんとその対価を受け取る。そういうごく自然なあり方を申し上げたわけです。アメリカで仕事を始めたとき、当初はそういう方が弁護士事務所で働いているということに若干の戸惑いをおぼえました。ただ、仕事を始めてみると、みなさんが働いている仕事をきちんとやっていらっしゃる。あるいはそれぞれの障害の度合いに応じて職種の内容が変わってきますけれども、それが非常にうまくいっている。ただ全体としては特別のことをされているわけではない。組織の中で必要な仕事を必要な能力のある方がやっている。そういうことがごく自然になっていくのではないでしょうか。

第3章　あたたかいまちづくり～共生社会の実現を目指して～

ＪＨＣ板橋会　社会就労センタープロデュース道　**世良　洋子**

２００８（平成20）年11月、ＪＨＣ板橋会は創立25周年記念式典を開催し、これまでのＪＨＣ板橋会を支え、力づけてくださった人びとが集ってくださいました。

開設５周年のとき、当時ＪＨＣ大山の施設長で、以後「ＪＨＣ板橋のお母さん」と親しまれている遠藤マキイさんが「ほんとうに長かったこの５年……」と涙で語られたときから、さらに20年が経っていました。ＪＨＣ板橋の活動を通して出会った一人ひとりが自身の人生と重ねながら、関心をもって、また「なんだか気になって」「いつの間にかどっぷり……」などと、それぞれの「ＪＨＣ板橋と自分」のつながりを大事にしつつ、分かち合うという感動的な集いをもつことができました。

１．ＪＨＣ板橋25年の歩み～はじめの一歩～

25年前の１９８３（昭和58）年12月、民間精神病院で働く11人の精神科ソーシャルワーカーや看護師、地域の心理士らとの共同出資により、ＪＨＣ板橋運営委員会が立ち上げられました。

それまで私たちは、退院してもまた病院に戻ってくる多くの患者さんを見てきました。そのため、精神障害をもつ人が、病者としてではなく、同じ人間として尊重され、疾病によって疎外・孤立されることなく、一人の人間として住み慣れた地域で、ごく当たり前な生活を営めるようにする必要性を強く感じていました。生活や人生において危機に直面したとき、眠れない日々を過ごしたり、疑心暗鬼になってより不安や孤独感に陥り一層孤立感に襲われていたとき、家族や友人や同僚など身近な信頼できる人に話を聞いてもらうことで心の危機から救われたという経験をしたことがあるように、心の病は誰にでも起こりうる病です。身体の健康とともにメンタルヘルスの問題をもっと身近にと、精神科領域に身をおく者としてだけではなく、一人の人間として自分たちにできることは何かと思ったすえの行動でした。

2.「あたたかいまちづくり」の試み〜精神障害をもつ人を身近に〜

1981（昭和56）年、東京都では精神障害者をもつ人の社会復帰促進に向けた社会復帰事業として共同作業所に対する補助金制度を創設しました。JHC板橋会は精神障害をもつ人を単に社会復帰させるためというよりは、「可能性を発揮し意義のある人生を送りたい」という誰もの願いを実現させるため、共同作業所の創設に取り組みました。

共同作業所を利用するメンバーたちは清掃技術を仲間の家事援助にも生かしてお互いに元気をも

らい合ったり、お菓子をつくって毎週お年寄りの福祉施設に届けたり、小学校の「総合的な学習の時間」にお菓子教室を開いて生徒たちに「心も風邪をひく」という紹介で交流したり、ひとり暮らしのお年寄りに彩りや健康によいお弁当を届けたりすることを通して「出会い・ふれあい・分かちあい」の交流を重ねてきました。あるメンバーが「社会的に弱い立場におかれがちなお年寄りに自分を重ねたのかもしれませんが、お年寄りへの配食サービスを仕事とする作業所と聞いて利用し、『支えられるだけでなく誰かの役に立ててよかった』と思えたときにはじめて生きていていいんだ、生きていてよかったと思えた。そう思えたことがうれしい」と語った言葉がずっと心に残っています。

共同作業所活動は、「支え合ってともに生きるあたたかいまちづくり」とは精神障害をもつ人ももたない人も同じ住民同士としてのパートナーシップを基本とした、参加と協働によってつくり出せることを学ぶことの連続でした。

自分が一つの地域資源となり、支え合いともに生きるまちの一部となることに共感し、近隣関係＝パートナーシップを築く、まさに心を耕し、地域を耕す「地域生活支援システム」そのものへの取り組みでした。

板橋区は、こうした民間福祉団体・ＪＨＣ板橋の取り組みを積極的に精神保健施策に取りあげてきました。１９９２（平成４）年には、病気をしたことや障害からの回復という経験を生かし合う当事者の相互支援活動をメンバーとスタッフが対等な立場で協働運営する「サン・マリーナ」を日本ではじめてのクラブハウスとして誕生させました。１９９６（平成８）年には、ＪＨＣ板橋は板橋区との将来構想の協議を通して、地域の共有財産となるべく社会福祉法人設立に至ったのでした。

3．「あたたかいまちづくり」〜まちの人々とともに〜

１９９７（平成９）年に通所授産施設として開設された「社会就労センタープロデュース道」（以下、プロデュース道）は、２００７（平成19）年10月、障害者自立支援法の障害福祉サービス（就労移行支援事業）に移行しました。

プロデュース道は、これまでの地域住民の参加と協働による精神障害をもつ人の地域生活支援、あるいは当事者の相互支援活動への取り組みなどを土壌として、「一般企業で働きたい」という夢や希望をもつ人たちが、自分の人生の主人公となることを期待しつつ、まちの中の「レストラン風見鶏」の運営を就労準備訓練事業の柱としました。

「働きたい」を共通の願いとする仲間との出会いにより「私だけじゃない」という安心感が得られ、自分だけの就労課題と思えたことが「経験の知恵袋」としてお互いに生かし合う経験交流の材料となりました。孤立感から開放され、自己効力感を得て、自己評価を高めていく原動力となる相互支援の効果がここでも大いに生かされています。

また「レストラン風見鶏」を利用するお客様からは、「私にとって、ここのランチが一日の食事の中で一番充実していてありがたいのよ」「私はひとり暮らしだから、ここに来ると若い皆さんが話しかけてくれるからうれしいのよ」という感謝の言葉をいただくようになっています。フロアメンバーは、こうしたお客様一人ひとりのご飯の量や好みのドリンク、お出しするタイミングをしっかりと申し送りしています。

ある日、常連さんから「あらっ、久しぶりね、最近会わなかったじゃない」と声をかけられたメンバーが、「入院してたんですよ」と答えると、「そうだったの、これからまた会えるわね」「よろしくお願いします！」というやりとりをしていました。ありのままの自分でいて、励ましたり励まされたり、助けたり助けられたりという役割の循環が、日々まちの暮らしの中でさり気なく行われ、自然に迎え入れられていることを感じさせられた場面でした。

先日、お年寄りのデイサービス「ミニデイサービス・げんき」への週2回の定期配達がきっかけで、地域医療・福祉のさきがけとしてすでに区内で根をはって活動している団体の方々と交流の機会をもちました。参加団体からは「私たちがふだん暮らしているなかで手の届かないところに枝を伸ばし、地域の人たちをつなげていてくれている。この交流会で自分もつながっていることに気づかされ、また話を聞くことで豊かな気持ちになれました」「1人では、あるいは1つの団体ではできないことを、力と知恵を出し合えばなんでもできそうな気がして、勇気とこれからつながっていく縁を感じました」との感想がありました。このように経験を分かち合う機会は、板橋区内のきめ細かな福祉サービスの存在をお互いに知り、また一つ「あたたかいまちづくり」の地域生活支援ネットワークの輪が広がることにつながりました。

自分らしく生きたいという気持ちを誰もの共通の願いとして、住み慣れた地域での暮らしにつなげ、自立と社会参加のために働くことは当たり前のことです。一人ひとりの「働きたい」を実現できるような働き方を、身近な、住み慣れた地域で実現できればと願っていました。

関係者は一致して、「地域で暮らすことは地域で働くこと」でもあると考えていました。

4．包括的地域支援ネットワークの構築を目指して

２００６（平成18）年3月、「コープとうきょう板橋センター」との出会いは、まさに出会うべくして出会ったと感じられるできごとでした。

そして、はじめて板橋センターを見学訪問したときに目に入った「コープの企業理念・人間らしい豊かなくらしの創造」に感動し、その瞬間〝福祉〟と〝企業〟という一見相容れない価値観がうまくいくのかという不安は消えていきました。むしろ協働することにより、精神障害をもつ人の「働きたい」という気持ちがより促進されるという期待がふくらみました。

実際、「コープとうきょう板橋センター」との「業務委託契約書」作成にあたっても、〝目的〟に「…相互の連携と信頼関係をふまえ、協力して就労移行を促進し、障害者の参加・参画の共生社会の実現に寄与する」とうたうことで理念を共有することができました。またこの事業について「企業・福祉・行政とがそれぞれの立場を理解しながら組織的継続的関係づくりの中で取り組むことが、一般

就労実現に留まらない障害者雇用全体の推進に貢献できる」という共通認識が事業の推進力になっています。

加えて、東京都の「施設外授産の活用による就職促進事業」（施設外授産事業）制度を、精神障害をもつ人を対象とした事業モデルを展開したいという熱い思いが重なっての実現でした。「人が財産のＪＨＣ板橋」の合言葉は、こんな一つひとつの、一人ひとりの出会いと協働（コラボレーション）から生まれました。

精神障害をもつ人は、長い間保護という名の隔離収容を旨とする「精神衛生法」による医療の対象者としてとらえられてきました。１９８５（昭和60）年に制定された、人権擁護と社会復帰を柱とする「精神保健法」は、その後、5年ごとに見直しが行われました。同法の第1条では「精神障害者の福祉の増進及び国民の精神保健の向上を図る」、第2条の1では「国及び地方公共団体の義務として、精神保健に関する調査研究の推進及び知識の普及、精神障害者の発生の予防、国民の精神保健の向上のための施策を講じること」、第2条の2では「国民の義務として、精神障害者への理解と社会復帰に向けての努力に対する協力と、国民自らの精神的健康の保持及び増進に努めること」とようやく福祉施策の充実がうたわれるようになりました。そして、１９９３（平成5）年に成立した障害者基本法では、障害者福祉施策の対象に精神障害者も位置づけられ、自立と社会経済活動への参加など主体的な地域生活のための施策が打ち出されました。

さらに、２００５（平成17）年10月身体障害者、知的障害者、精神障害者の三障害に対するサービスを一元化する「障害者自立支援法」が施行されました。

しかし、同法は利用者負担や事業者の運営基盤の不安定さ、脆弱な財政措置など多くの問題、課題を抱えています。部分的な見直しではなく、基本に立ち返っての見直しを提起しながらも、この法の目指す理念「年齢や障害の種別を超えてだれもが住みなれた地域で暮らし続ける共生社会の実現」が絵に描いた餅になることのないよう、実現可能な具体的な制度・しくみになるよう願っています。

第３部第２章に登場した上原勝さんや佐藤允康さんは、「生活や人生において避けることのできない危機に直面しながらも……」「一般企業で働くチャンスを！」「家族とのあたたかいまじわりの中で暮らしたい」「定年まで働きたい」という夢や希望をもち続けています。彼らは、それに果敢に挑戦し続ける勇気をもち、多職種・多領域による支援を受け入れ、自らのもてる可能性を発揮し、「働きたい」夢や希望をかなえ、「住みなれた地域で暮らし働き続ける」生活者として生きいきとして努力しています。

ＪＨＣ板橋会は、社会福祉が基本理念とする①憲法25条「生存権」に、②精神保健法第２条の２「国民の義務として……」を加えて、住み慣れた地域に暮らす一人の人間として、社会の一員として、支え合う責任を分かち合い協働することをより自覚的にとらえながら、③板橋区の基本構想「健康を大切にし、ともに支えあうあたたかいまちづくり」への取り組みに積極的に関わっていくことを目指しています。そのためには地域住民の参加と協働をはじめとする、医療・保健・福祉・教育・労働・企業・行政等の包括的地域支援ネットワークの構築と当事者の相互支援力の発揮が必要不可欠であると考えています。このたびの「施設外授産事業」の取り組みは、この包括的地域支援ネットワークが事業継続の鍵であることを日々実感させられるものでした。

ＪＨＣ板橋会のこれまでもそしてこれからも、当事者を含めた包括的地域支援ネットワークを構成する一人ひとりが、住民としてパートナーシップを発揮し、住みなれた地域で暮らし続けながら、「社会参加」をはじめ、「働くこと」「仲間づくり」「老い」など一人ひとりの人生プランや生活を支え合うことがともに生きるまちづくり＝共生社会につながっていくと考え、その実現に取り組んでいきたいと思っています。

あとがき

社会福祉法人　ＪＨＣ板橋会　理事長　**田村　文栄**

私たちは誰もが一社会人としての役割を担いながら夢や希望の実現を願っていますが、人生の途上で何らかの要因によって、それらが困難になる人たちがいます。その要因はさまざまですが、ＪＨＣ板橋会ではこの25年間におもに精神の障害をもつ人たちに対して、それぞれの社会参加の支援を行ってきました。その支援である福祉サービスは多岐にわたり、生活相談による日常生活の課題解決へのマネジメントサービスや就労を目指している人たちに対する生活および就労支援など総合的な福祉サービスの提供に取り組んできました。私たちの支援は、彼らが自らもっている可能性や能力を最大限に発揮し、社会や生活の拠点である地域で安心して豊かな生活が送れることを目指しています。

しかし、障害者基本法や障害者自立支援法等により障害者雇用が社会的には認知されながらも現実は厳しく、特に精神の障害においては疾病に対する偏見や彼らの生活全般に対する理解が不十分であるために、社会的に不利な状況におかれています。このような現実をふまえての過渡的雇用や施設外授産等の就労支援では、「できないことは何か」ではなく、「できることは何か」「できるようにするにはどうすればいいか」という視点から、企業との打ち合わせや職員の現場実習を重ねマニュアルを作成し実践を積み重ねてきました。利用者にとって働きやすい職場環境づくりは、信頼関係と障害の理解を深めるための大切な過程でもありました。

このたび、私たちは社会参加の一つとしての就労支援について、企業、行政、就労支援サービス利用者、就労支援者というそれぞれの立場で、その経験や学びをまとめることができました。障害者雇用に先進的に取り組んでいる企業は、障害者雇用が職場に与える影響を肯定的に、また高く評価しています。私たちはその貴重な体験をさせていただいたことに深く感謝しています。なお、本書が、夢と希望の実現に挑戦している人たちやそれを支援している人たちへの勇気と励ましになることを願っています。

おわりに本書の刊行にあたり、体験を寄せてくださった茨木宮子さん、上原勝さん、佐藤允康さん、原稿を寄せてくださったハローワークの佐藤慎也さん、株式会社いなげやの石川誠さん、板橋区福祉部の松浦勉さんに心から御礼申しあげます。

1. JHC 板橋会とは

JHC : Joint House Cosmos

板橋区 心の健康と福祉を守る会

JHC板橋会（Joint House Cosmos）とは

精神障がい者の社会参加をはじめ、先駆的創造的な福祉活動を進め、広く区民の心と健康と福祉に寄与することを目的に1983年に設立された民間の援助団体です。

活動の焦点は精神障がい者のためのものです。

JHC板橋会は、相互に尊重しあい、友好的で支え合う地域社会づくりのために活動しています。

基本理念

1. 憲法第25条
   健康権、文化的生活権（国民の権利）
2. 精神保健福祉法第3条
   精神的健康の保持増進に務め、精神障害者の社会復帰への理解と協力に努める。（国民の義務）
3. 板橋区基本目標
   ともに支え合うあたたかい街づくり

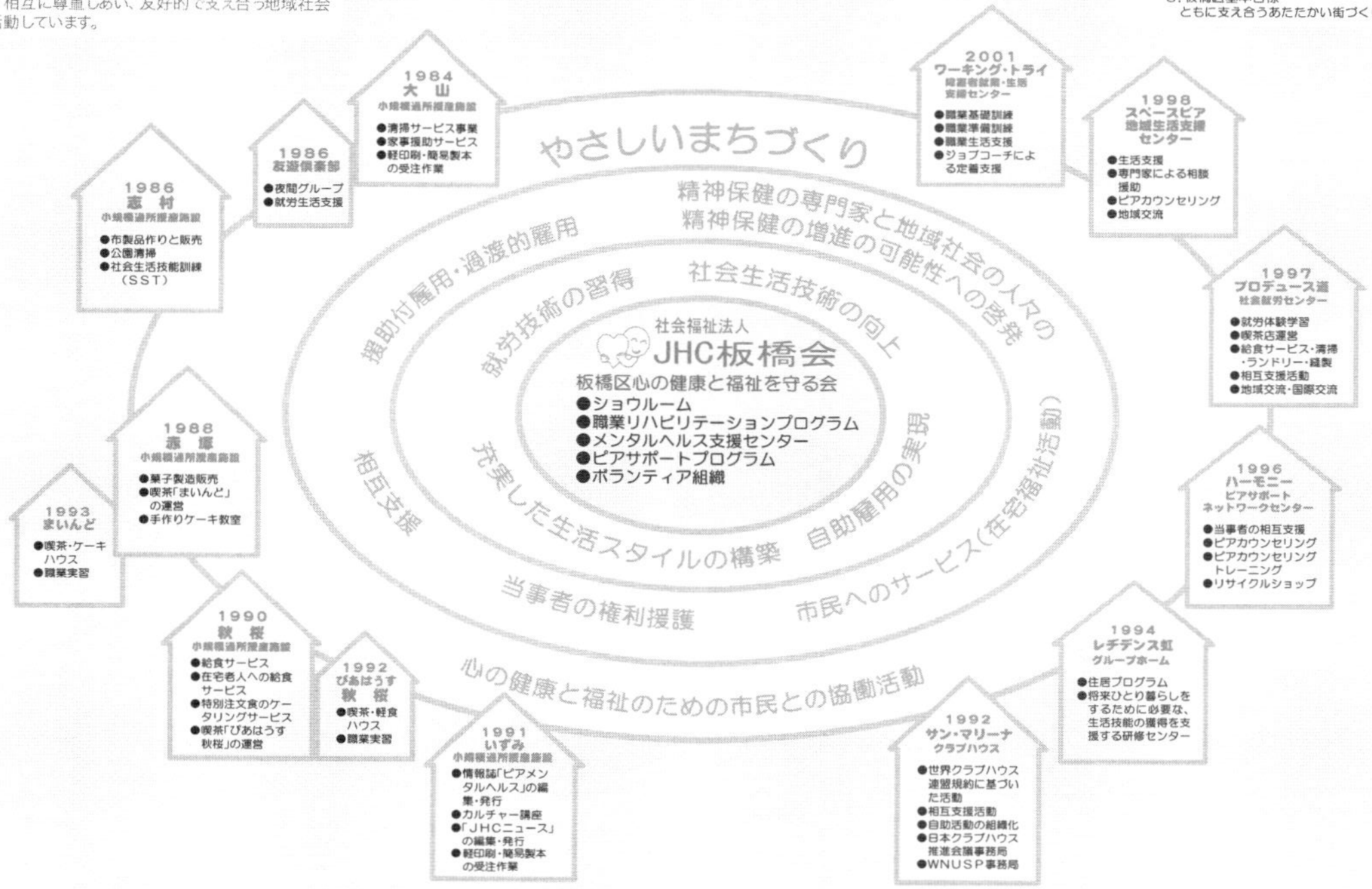

2．JHC 板橋会沿革

1983 年　JHC 板橋運営委員会発足 精神障害者共同作業所開設準備室を設置
1984 年　JHC 大山作業所開設
1986 年　JHC 志村作業所開設 夜間ケア「夕暮れクラブ」「友遊倶楽部」開設
1988 年　JHC 赤塚作業所開設
1990 年　JHC 秋桜作業所開設 夜間ケアが板橋区精神障害者地域自立援助事業として認可
1991 年　JHC いずみ作業所開設
1992 年　クラブハウス「サン・マリーナ」開設 板橋区精神障害者ソーシャルハウス事業認可　夜間ケア「秋桜 CLUB」開設
1993 年　社会福祉法人設立準備室設置
1994 年　グループホーム「レヂデンス虹」を開設
1996 年　社会福祉法人 JHC 板橋会設立
ピアサポートネットワークセンター「ハーモニー」開設
1997 年　精神障害者通所授産施設 社会就労センター「プロデュース道」開設
1998 年　精神障害者地域生活支援センター「スペースピア」開設
2001 年　あっせん型障害者雇用支援センター事業「ワーキング・トライ」開設
2002 年　障害者就業・生活支援センター「ワーキング・トライ」改更
５ヶ所の作業所がが小規模授産施設の認可を受け法人事業に移行
2006 年　障害者自立支援法施行により、レヂデンス虹は「共同生活援助」、スペースピアは「相談支援事業（東京都指定相談事業所）及び「地域活動支援センター事業」に移行
2007 年　「あんしん賃貸支援事業」（国土交通省委託事業）
「退院促進コーディネート事業」（東京都委託事業）
「障害程度区分認定調査」（板橋区障がい者福祉課委託事業）
「プロデュース道」自立支援法「就労移行支援事業」へ移行

表彰

1992 年　板橋区区政 60 周年記念「地域福祉活動に対する感謝状」
1993 年　財団法人読売愛と光の事業団「福祉活動奨励賞」
財団法人東京キワニスクラブ「第 27 回キワニス社会功労賞」
1995 年　世界保健機構・WHO「ベストプラクティス賞」
2003 年　JHC 板橋会創立 20 周年にあたり板橋区により「感謝状」授与
2007 年　精神障害へのアンチスティグマ研究会「第４回精神障害者自立支援活動賞（リリー賞）」

3．施設外授産の手引き

※案９　平成 19 年３月６日　意見反映版（委員確認用）

施設外授産の手引き

施設外授産の活用による就職促進事業推進委員会

3．施設外授産の手引き①

施設外授産事業のメリット

利用者

・施設外授産を経て、一般企業への就労につながっていきます。
・実際の企業での仕事を体験することができるので、就労への意欲や責任感、自身の課題の発見と課題解決に向けて取り組む姿勢など一般就労に向けた意識の変化が培われます。
・施設外指導員の支援や数名の仲間と共に仕事を行うので、緊張を伴う場面でも安心感をもって取り組めます。

施設

・職員の就労に対する意識が変わります。
・施設内のメンバーも刺激を受け、施設全体にもいい影響を与えます。
・実際の企業現場で学んだことを施設内の就労前訓練として何をどう取り組めばいいか、プログラムの工夫や支援のし方などに活かすことができます。

企業

・施設外指導員がついているので、複数の利用者を受け入れても安心して仕事を任せることができます。
・障害者とのコミュニケーションのとり方など、社内教育にもつながります。
・一定期間にわたって、障害者の仕事の様子を見ることができるので、適正や能力を見極めたうえで採用することができます。
・障害者雇用及び職場体験実習の場や機会の提供は、企業の社会的責任を果たすことと共に、コンプライアンス（法令遵守）への姿勢として信頼にもつながります。

3．施設外授産の手引き②

施設外授産指導員の役割

利用者と共に企業へ伺い、請負業務に関する責任と作業指導等を行うと共に、企業とのパイプ役としての役割が期待されます。本事業を実施する際、必ず配置することになります。主な業務内容は以下の通りです。

①企業との連携業務
＊委託企業の選定、施設外授産事業実施に向けての調整
＊企業との定期的な打ち合わせ
・週単位、月単位での仕事内容についてのうち合わせ
・企業の要望、ニーズの把握
＊企業との、利用者の評価（振り返り）面接実施
＊施設外授産事業利用後、採用の際のフォローアップ支援

②利用者への支援業務
＊事業の利用対象者の職業準備性を把握し、マッチングを見極める。
・施設内での作業の様子から、作業能力・適正・対人関係能力などを把握
・利用者の職業生活を支える健康・生活・家庭状況などの把握
＊利用者が施設外授産事業を通して、一般就労につなげるために必要な支援
・開始導入時は、施設外指導員だけでなく、利用者と施設内での関係性を活かした施設内職員によるジョブコーチ的支援との併用支援が利用者の安心につながり、大切。
・請負業務に関する責任をもつ
・請負業務に関する作業指導
・仕事の割り振り（利用者に合わせた仕事量など）
・会社におけるルール、マナーの指導…「自己チェックリスト」の活用
・個別支援計画の作成
・定期面接の実施（個別支援計画における課題の評価と目標の設定）
・就労ミーティングの実施…グループの相互支援による対人関係能力の向上、作業改善、モチベーション維持支援など
・企業との利用者の評価（振り返り）面接の実施
・就労支援機関との連絡調整
・雇用移行期の定着支援

３．施設外授産の手引き③

利用者・家族への支援内容

①利用者・家族への説明と同意（各種書式活用）

＊「確認書」…施設外授産事業の趣旨（雇用ではなく訓練であること等）職場体験実習先の場所・連絡先・事故時の補償等について説明をします

＊「実施同意書」…利用者本人・家族のこの事業利用に対する同意と、本人の情報を企業に伝えることの同意を求めます。

＊「実施通知書」…施設から利用者に対して実質打ちと留意点を伝えます。

　１）「実施に係わる利用者について」利用者本人・家族の氏名・住所・連絡先についてお伝えします。

　２）この事業を終了・変更・解除する際の通知書

②「個別就労支援計画」作成と支援プロセス

＊目標設定…利用者と共に職業準備性の課題や健康面・家族状況等を把握し目標を設定します

＊開始導入期…開始導入時においては、施設内授産活動での関係性を活かした施設内職員によるジョブコーチ的支援が、利用者の安心感とスムーズな導入につながります。

＊個別支援計画…支援プロセス（事前支援期ー集中支援期ー移行支援期）を捉えた具体的な支援計画をたて、達成状況を利用者と共に施設職員・施設外指導員・就労支援機関等関係機関職員による定期面接を通して確認し、利用者の自己評価が高められ、新たな課題に取り組めるよう支援します。

＊自己チェックリスト…利用者が自身の課題や自己評価を高めるための「自己チェックリスト」の活用をすすめ、評価に対しては定期的なフォローが大切です。

＊就労ミーティング＝ピアサポートの位置づけ…数名のグループで働く仲間の存在を活かした就労ミーティングの場は、個別の課題解決はもとより、仲間の経験を共有する機会であり、自己の経験が他者に生かされることを通して自己有用感、効力感につなげられたり、また具体的な作業改善につながるなど相互支援の場としての位置づけが大切です。

③利用者・家族・企業・支援関係機関との情報の共有化

＊通信の発行、連絡会の開催等

3．施設外授産の手引き④

企業から施設に望むこと

・障がい者雇用促進法のよる雇用率達成のための個別的対応に加え、施設・行政などとそれぞれの立場を理解しながら組織的継続的関係づくりの中で取り組むことが、一般就労実現に留まらない効果を施設に与え、その事が障がい者雇用全体の推進にも貢献できると考えています。
（生活協同組合コープとうきょう）

・さまざまな個性や障がいへの理解や一般就労への移行は専門的なスキルと知識が大切だと考えています。日常的なコミュニケーション、情報を交換の中で協力してこの事業を進めていきたいと考えます。労働契約や雇用側のニーズは率直にお伝えし協議させて下さい。
（生活協同組合コープとうきょう）

施設から企業に望むこと

・障害をもつ人の『働きたい』願いの実現には、ご本人を中心とした企業・行政・福祉・教育・就労支援機関等多様な、また他職種・多領域のネットワークの中で協働していってこそと思っています。その意味で企業には、雇用や企業実習体験の機会の提供や経験の交流・企業のノウハウを学ぶ場を提供していただきたいと思います。（社会就労センタープロデュース道）

・実際の企業実習体験においては、担当者の理解にとどまらず、その企業全体の理解の促進につなげていただきたいと思います。
（社会就労センタープロデュース道）

東京都に望むこと

・「施設から企業に望むこと」と同様の意味において、行政には予算措置を含めた障害をもつ人の就労及び生活支援への制度整備やこの事業をはじめとする企業の雇用・企業実習体験等の社会貢献状況や施設の取組状況さらには利用者の経験等を広く周知していただくことや機会をつくっていただきたいと思います。（社会就労センタープロデュース道）

・障がい者雇用は未だ法定雇用率未達成であり、企業と施設はともに連携して障がい者雇用促進のために行政のリーダーシップに期待しながら協力していきたい。（生活協同組合コープとうきょう）

４．施設外職場体験実習実施関連文書①

様式第４号

【利用者用】

施設外職場体験実習実施通知書

平成　　年　　月　　日

＿＿＿＿＿＿＿＿＿＿殿

板橋区南常盤台二丁目１番７号
社会福祉法人ＪＨＣ板橋会
社会就労センター　プロデュース道
施設長　○○　○○　㊞

施設外職場体験実習を個別支援計画及び同意書の通り実施しますので、お知らせ致します。

記載された事項をよく読み、目標の達成に向けて、健康に留意するとともに、作業中あるいは通所中において事故がないよう十分注意して下さい。

1　実施場所（事業所名）＿＿＿＿＿＿＿＿＿＿＿＿＿＿＿＿
　　事業所住所＿＿＿＿＿＿＿＿＿＿＿＿＿＿＿＿
　　電話　＿＿＿＿＿＿＿＿＿＿＿＿
　　ＦＡＸ　＿＿＿＿＿＿＿＿＿＿＿＿
　　担当者氏名＿＿＿＿＿＿＿＿＿＿＿＿

2　実施期間　　平成　　年　　月　　日～　　年　　月　　日

3　条件
- 実習中は、事業所および社会就労センタープロデュース道の方針に従い、自らの目標に向けて努力精進すること
- 実習の報告及び困ったことが起きた場合はすみやかに指導員に相談連絡すること
- 様式第２号に基づき、利用者およびご家族の氏名、住所、連絡先等を事業所に通知することに同意すること
- 実習中他、事業所内において、事故災害については、社会就労センタープロデュース道の支援に重大な過失が無い限り、社会就労センタープロデュース道は一切の責任を負うものではないこと

【注意事項】

1．　実施中は、事業所における指導担当者や指導員の指示に従って作業を行ってください。
2．　分からないことや困ったことがあったら、指導員に相談しましょう。
3．　特に指示がない限り、就業時間を守って下さい。
4．　緊急時の連絡は必要に応じて指導員またはプロデュース道へ入れ、事業所へは迷惑をおかけしないようにしてください。
5．　ストレスの自己コントロール（１～8）を実行しましょう。（様式第８号参照）

4．施設外職場体験実習実施関連文書②

様式第１号

平成　　年　　月　　日

社会福祉法人　ＪＨＣ板橋会
社会就労センター　プロデュース道
施設長 ○○　○○
板橋区南常盤台２－１－７
電話０３－○○○○ －○○○○

社会就労センター　プロデュース道　施設外職場体験実習　確認書

施設外職場体験実習についてご説明いたします。下記の要綱をよくお読みいただき、ご確認の上、参加をお申し込みください。なお、ご不明の点は、社会就労センター　プロデュース道までお問い合わせください。

＊施設外職場体験実習とは

社会福祉法人ＪＨＣ板橋会　社会就労センター　プロデュース道がコープとうきょう板橋センターと業務委託契約を締結して実施する、一般就労への移行支援プログラムです。(資料参照)

一般就労を希望する障害者に、指導員の援助を受けながら、実際に企業の職場で働く体験の機会を提供し、この体験を通じて職業準備性を高め、一般就労へ移行しやすくすることが目的です。

施設外職場体験実習による、コープとうきょう板橋センターで働く作業は、あくまで企業内における職場体験実習であり、雇用関係ではありません。

＊利用にあたって

- 原則として週４日勤務し、一緒に働く利用者とローテーションを組んで働きます。
- 週１回は施設外職場体験実習利用者による、就労ミーティングに参加していただきます。
- 工賃はコープとうきょうでの施設外職場体験実習独自に設定した金額が支払われます。

＊一般就労への支援の継続のために

・施設外職場体験実習への参加にあたっては、一般就労まで継続して支援を行うため、「社会福祉法人ＪＨＣ板橋会　障害者就業・生活支援センター　ワーキングトライ」(社会就労センタープロデュース道と同住所、同建物内）とハローワークに障害者登録をしていただきます。ご本人と関係機関支援者とともに個別支援計画を立て、随時確認しながら体験実習をすすめていきます。

実習後、さらに就労にむけて、ステップアップする際に、厚生労働省の障害者就労支援の制度（トライアル雇用、委託訓練事業、ジョブコーチ支援など）を使い、企業で雇用されることを目的とした実習することをスムーズに行うためです。登録の際、主治医の就労に関する意見書が必要となります。(医療機関によって費用が異なります。)

＊施設外職場体験実習中の作業による傷病、対物対人事故などについて。

社会就労センター　プロデュース道利用にあたり利用者には傷害保険に加入していただいていますが、この施設外職場体験実習にあたってもこの保険が適応され、この保障の範囲内となります。傷害保険の資料をご覧ください。

4．施設外職場体験実習実施関連文書③

様式第9号

施設外職場体験実習チェックリスト　社会就労センタープロデュース道

＊施設外職場体験実習を活用して、達成したい今週の目標

氏名＿＿＿＿＿＿＿＿＿＿＿＿＿＿

1日の作業を振り返り、チェックしましょう　《チェック基準》＊A，B，C，Dのいずれかを記入して下さい。

A：よくできている　B：できている　C：もう少し努力したい　D：もっと努力したい

チェック項目		日付 ／	／	／	／	／
基本的な準備	翌日・翌週の仕事に備えた前日・休日の過ごし方ができましたか					
	生活リズム、睡眠、服薬など、心とからだの健康管理はできましたか					
	身だしなみは清潔に整っていますか					
	服装は季節（体温調節）や安全、身だしなみを考えて、適切ですか					
基本的なルール	欠勤・早退・遅刻の連絡はできていますか					
	仕事に必要な準備ができましたか（用具、段取りなど）					
	使った用具などの後片付けができましたか？（所定の場所に戻す）					
	足元や周りの安全に気をつけて作業や片付けができましたか					
	仕事がわからない時に、すぐに質問ができましたか					
	質問のしかたは、相手の状況に合わせて適切にできましたか					
	ミスした時にすぐに報告ができましたか					
	指示をもらったときに、はっきりと言葉で返事ができましたか					
	必要な声かけを大きな声でできましたか					
	仕事が終了した時点で報告ができましたか					
作業態度	仕事の説明を最後まで静かに聞いて把握しましたか					
	意欲的に仕事に取り組めましたか					
	自分の仕事を点検してもらうなど、確認ができましたか					
	指導者不在でも、決められた仕事に取り組みましたか					
	途中で仕事の変更を指示されたときに、変更してできましたか					
	適切な速さで決められた仕事量をこなすことができましたか					
	仕事を正確に仕上げることができましたか					
	他の人の安全や、仕事がしやすいように、配慮して作業しましたか					
	事故のないよう、身体の向きや、道具の位置の工夫をできましたか					
	ひとりでできないときに、他の人の援助を求めることができましたか					
	できそうにないことを指示された時に、相談することができましたか					
対人態度	あいさつ、返事を大きな声ではっきりとできましたか					
	周囲の人と協調性を保ちましたか					
	他の人の援助を受けた時に、すぐにお礼が言えましたか					
	注意された時に、すぐに謝りましたか					

今週の振り返り　記入　　年　　月　　日

指導員のコメント 氏名（　　　　　　　　　　　　　）　年　　月　　日

4．施設外職場体験実習実施関連文書④

様式第８号

【利用者用】

ストレスの自己コントロール

1．頭を使って気を使わない

頭を冷やし、現実的に冷静に問題をみつめ直してみましょう。

2．しなやかな心を持つ

柔軟な心で、多面的にものごとを捕らえましょう。

3．自分だけで仕事をやろうとしない

私たちは組織で仕事をしています。ひとりだけで解決しようと頑張らないことです。

4．完全主義にならない

１００点満点は決して望まないこと。８０点をゴールにしましょう。

5．孤立しない

人間ひとりぼっちほど弱いものはありません。対人関係の幅を広げましょう。

6．ストレスを自己啓発の材料にする

適度なストレスは意欲を高めます。発奮因子とし利用し、プラスに転化しましょう。

7．気分転換を心がける

スポーツ・趣味・自然にふれるなど、どんなやり方でもかまいません。気分を切り替えましょう。

8．身近な良い聞き手を持とう

ひとりで悩まずに誰かに聞いてもらうと気持ちが軽くなります。

資料編

1．JHC 板橋会とは

2．JHC 板橋会沿革

3．施設外授産の手引き

4．施設外職場体験実習関連文書

【執筆者紹介】

上原正博（生活協同組合コープとうきょう理事長・はじめに）
八木原律子（社会福祉法人 JHC 板橋会副理事長・第１部第１章、第２章）
佐藤優子（社会福祉法人 JHC 板橋会・第２部第１章、第３部第１章）
佐藤慎也（元東京都産業労働局・第２部第２章）
渡邉秀昭（生活協同組合コープとうきょう専務補佐・第２部第３章）
上原　勝（生活協同組合コープとうきょう板橋センター・第３部第２章１）
佐藤允康（生活協同組合コープとうきょう豊玉センター・第３部第２章２）
加藤正浩（生活協同組合コープとうきょう元板橋センター長・第３部第３章１）
橋本隆志（生活協同組合コープとうきょう前板橋センター長・第３部第３章２）
清家政江（社会福祉法人 JHC 板橋会・第３部第４章）
松浦　勉（板橋区福祉部長・第４部第１章）
石川　誠（株式会社いなげや人事本部・第４部第２章）
世良洋子（社会福祉法人 JHC 板橋会・第４部第３章）
田村文栄（社会福祉法人 JHC 板橋会理事長・おわりに）

執筆協力者

宮崎哲治（元東京障害者職業センター次長）
浅井倫子（東京都福祉保健局）
五月女絹枝（元東京都福祉保健局）

写真提供元

日本映像科学研究所（表紙・129 頁）
コープとうきょう広報室（17 頁・147 頁）

編者

【生活協同組合コープとうきょう】

「より良い商品、安心できる商品を少しでも安く」という組合員の願いを実現する努力を続けてきた生協。

ふだんのくらしに役立つ品ぞろえ、食品を中心にコープ商品や産直商品などを提供する店舗、自宅まで商品をお届けするコープデリ宅配、その他、共済、福祉、葬祭などくらしに役立つ事業をすすめている。1957年設立。2009年11月現在、組合員120万人、77店舗、31配達センター。

URL　http://tokyo.coopnet.or.jp/

【社会福祉法人 JHC 板橋会】

精神障害者の社会参加をはじめ、広く区民の心の健康と福祉に寄与することを目的にソーシャルワーカーや保健所職員有志によって1983年に設立された民間福祉団体。1997年社会福祉法人 JHC 板橋会設立。障害者の自立と社会参加を支援し、安全・安心のまちづくりを目指して活動している。

URL　http://www.best-npo.com/jhc/

精神障害者の<働きたい>をかなえる

福祉・企業・行政によるコラボレーション

発行日　2010年　1月23日　初版第一刷（3,000部）

編　者　生活協同組合コープとうきょう

社会福祉法人 JHC 板橋会

発　行　エンパワメント研究所

〒176-0011　東京都練馬区豊玉上2-24-1　スペース96内

TEL 03-3991-9600　FAX 03-3991-9634

https://www.space96.com

e-mail：qwk01077@nifty.com

発　売　筒井書房

〒176-0012　東京都練馬区豊玉北3-5-2

TEL 03-3993-5545　FAX 03-3993-7177

編集・制作　七七舎　　装幀　石原雅彦

印刷　美巧社

ISBN978-4-88720-605-2